健美操

入门学习

指南

张小春 赵永才 编著

U0726985

全国百佳图书出版单位
ARTTIME 时代出版传媒股份有限公司
时代出版 安徽人民出版社

图书在版编目(CIP)数据

健美操入门学习指南 / 张小春,赵永才编著. 一合肥:安徽人民出版社,2012.4(2015.5 重印)
(中小学生特长技能学习指南)
ISBN 978 - 7 - 212 - 05120 - 4

Ⅰ.①健… Ⅱ.①张…②赵… Ⅲ.①健美操 - 青年读物②健美操 - 少年读物 Ⅳ.①G831.3 - 49

中国版本图书馆 CIP 数据核字(2012)第 068827 号

健美操入门学习指南

张小春　　赵永才　编著

出 版 人:胡正义
责任编辑:李稚戎　黄　刚
封面设计:大华文苑

出版发行:时代出版传媒股份有限公司 http://www.press-mart.com
　　　　　安徽人民出版社 http://www.ahpeople.com
　　　　　合肥市政务文化新区翡翠路 1118 号出版传媒广场八楼
　　　　　邮编:230071
　　　　　营销部电话:0551 - 63533258　0551 - 63533292(传真)
印　　制:北京一鑫印务有限责任公司
　　　　　　　　(如发现印装质量问题,影响阅读,请与印刷厂商联系调换)

开本:700×1000　1/16　　　印张:12　　　　字数:230 千字
版次:2012 年 4 月第 1 版　2015 年 5 月第 2 次印刷

标准书号:ISBN 978 - 7 - 212 - 05120 - 4　　　定价:23.90 元

前　言

　　健美操是一项集体操、舞蹈、音乐、健身、娱乐于一体的体育项目。它来源于徒手体操、艺术体操和舞蹈等的动作，具有保健、医疗、健身、健美、娱乐等多种价值。1983 年，美国举行了首届健美操比赛，1984 年，首届远东区健美操大赛在日本举行。由于两次大赛的成功，健美操运动在世界各地全面兴起。1987 年，北京举办了首届全国健美操邀请赛，随后几年先后在北京、贵阳、昆明、北京举办了四届邀请赛。1992 年，邀请赛改名为全国锦标赛，成为每年举办的传统赛事。由于健美操比赛可在体育馆和舞台上举行，加之健美操运动场地运用集中的特点，健美操项目受到越来越多的人的青睐。

　　健美操练习是一种卓有成效的锻炼身体的方法，作为一项有氧运动，健美操具有所有有氧运动的健身功能，如全面提高身体素质、提高心肺功能和肌肉耐力，促进肌体各组织器官的协调运作，使人体达到最佳机能状态等。

　　健美操不同于其他有氧运动项目之处，还在于它是一项轻松、优美的体育运动，在健身的同时，能带给人们一定的艺术享受，使人心情愉快，陶醉于锻炼的乐趣中。长期进行健美操练习，能够减轻心理压力，促进身心健康发展，从而更增强健身的效果。综上所述，健美操是融体操、音乐、舞蹈于一体的追求人体健康与美的运动项目，通过健美操的锻炼能达到改善体质、增进健康、塑造体型、控制体重、愉悦精神、陶冶情操的目的。

为了引导青少年积极进行健美操练习，我们特地编写了这本《健美操入门学习指南》图书，全面介绍了健美操运动的发展、健美操所需的设施环境、健美操的技术特征、健美操的基本技术以及竞技健美操、简易健美操、哑铃韵律健美操、拉丁健美操、身体健美操等操作规范，汇集了各类健美操的训练方法，指出了练习健美操的多种方法和措施，可使读者在学习的过程中，循序渐进地提高自己的健美操水平，具有很强的系统性、实用性和科学性，是青少年学生进行健美操练习的最佳读物，也是各级图书馆收藏和陈列的最佳版本。

目 录

第一章　健美操的概述

健美操是一项深受广大群众喜爱的、普及性极强，集体操、舞蹈、音乐、健身、娱乐于一体的体育项目。

健美操竞赛项目包括男子单人、女子单人、混合双人、三人（男三；女三；混合三人）、混合六人（男三、女三）。比赛按性质分锦标赛和冠军赛两类。

健美操起源于 1968 年。1983 年，美国举行了首届健美操比赛，1984 年，首届远东区健美操大赛在日本举行。由于两次大赛的成功，1984 年起，健美操运动在世界各地全面兴起。每年国际上举办的活动有：健美操世界锦标赛、世界杯赛、世界冠军赛、世界巡回赛。

健美操是在人类社会发展的进程中，随着现代科技的飞速发达，人们生活节奏的日益加快、生活水平的不断提高，追求健美体魄而逐步发展起来的，由于健美操所特有的保健、医疗、健身、健美、娱乐的实用价值，受到越来越多的人的重视，吸引了不同年龄的爱好者参与，形成了一定规模的消

费群体。各级电视台纷纷制作以健美操竞赛、普及为内容的专题节目，其收视率远远超过其他节目，并成为提高生活质量的一个标志。

近几年来，特别是我国"全民健身计划"的全面实施，城乡各地的男女老少都积极地投身到各式各样的体育健身活动中，健美操尤其生机无限。它简便、优美、愉悦而有效，给练习者带来健康和快乐，为人们美好的生活和充沛的精力提供源源不断的动力。

第一节 健美操的起源

健美操运动起源于 20 世纪 60 年代末，70 年代初的美国。也有人说，早在 19 世纪，欧洲一些国家出现的以身体活动和音乐伴奏相结合的音乐体操是健美操的前身，总而言之，无论哪一时期健美操的起源，都可以说明这项运动的历史并不很长，而且，只是到了 20 世纪90 年代，健美操这项运动才刚刚在世界范围内推广、壮大。

健美操顾名思义是一种健康与美丽相结合的一种运动，是一项深受广大群众喜闻乐见的一项运动。它的英文名称是"Aerobics"意思是"有氧运动"或"健身健美操"。

健美操传到我国是在 20 世纪 80 年代。那时，随着我国教育制度改革，"美育"教育逐渐在学校教育中占有很重要的地位，因此，健美操也为我国美育教育提供了一个重要手段。

在健美操传入我国的初期，许多健美操爱好者翻译了大量的资料，在报纸杂志上刊登了一些介绍健美操和探讨美育教育的文章。

1984 年，北京体育学院成立了健美操研究组，该研究组编排并推出的"青年韵律操"传遍全国各大专院校，无数青年学生投入了学习"青年韵律操"的热潮，使健美操迅速在我国各大专院校得到普及。此后，许多高校将健美操列入教学大纲，成为一项重要的体育教学内容，各种健美操教材也陆续出版，促进了健美操的理论研究。

为了推动全国大学生健身健美操的开展，中国大学生体协健美操艺术体操分会决定从 1993 年开始，每年在大学生中推广一套由协会

审定的健身健美操。

与此同时，表演性健美操和竞技性健美操也开始在学校中出现，而高校良好的师资和场馆条件又为竞技健美操的普及奠定了基础，每年不少高校都组织队伍参加各种形式的全国健美操比赛，同时，高等院校成为我国竞技健美操发展的重要基地。

第二节 健美操的特点

健美操具有高度的艺术性，它是在音乐的伴奏下，以体操的动作方式，融入了体操、舞蹈、健美等内容，在健身的基础上把形体美、姿态美、动作美和精神美有机地结合起来，与音乐、舞蹈、体操、武术于一体的追求人体健康与美丽的一种运动项目，这种健与美的统一，是健美操本质特征的表现，也是健美操区别于其他健身操、卫生操的重要标志。所以说，健美操属于体育的范畴，具有高度的艺术性。

健美操的艺术性主要体现在其"健、力、美"的项目特征上。健康、力量、美丽是人类所追求的，而健美操运动中，无论是健身健美操、还是竞技健美操，处处体现出"健、力、美"的特点，包含着高度的艺术因素，使健美操不同于其他运动项目，这也正是人们热爱健美操运动的原因之一。

健美操运动协调、流畅、有弹性，使练习者不仅锻炼了身体、增强了体质，而且从中得到了美的享受，提高了艺术修养。而健美操运动员在比赛中所表现出的健美的体魄、高超的技术、流畅的编排和充沛的体力等，也无不给观众留下深刻的印象，充分体现出健美操运动的"健、力、美"特点和高度的艺术性。

健美操的动作来源于体操中的徒手动作和队列队形，舞蹈中的现代舞、古典芭蕾和民族、民间舞的基本动作等。但这些动作已不再是单纯的体操和舞蹈动作，而是按照健美操的特点，经过再创造所形成的健美操的特有动作，使之具有讲求实效、简单易行、造型美观、活泼多变、富有弹性、小关节和对称活动多等特点。这些动作通过科学有序的排列组合和重复，成为具有特定功能的动作整体。

另外，健美操还具有强烈的节奏性特点，并且通过音乐将节奏性特点充分地表现出来，因此，音乐与健美操有着十分密切的关系。健美操的音乐特点是节奏强劲有力，与动作协调一致，旋律优美且具有鲜明的节奏，能够烘托气氛，激发运动者的情绪，使运动者进入艺术境界，充分发挥自己的想象力，达到调节人们的情绪、消除精神疲劳，陶冶情操。

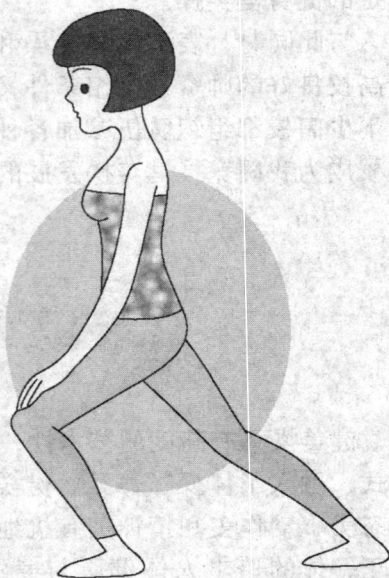

健美操为什么深受大家喜爱，除练习本身的功效性、动作的时代感外，最重要的一个理由就是，现代音乐带来了活力。健美操运动与音乐的强烈的节奏感使健美操运动或者说做健美操的人，具有了感染力、亲和力。另外，健美操比赛本身也非常具有观赏性。

广泛的适应性使健美操练习形式多种多样、运动量可大可小、容易控制，对场地器材的要求不是很高，一个垫子、一个踏板或一个哑铃均可练习。对各个年龄层次、不同性别、不同身体素质、不同技术水平的人都适宜，各类人群都能从健美操练习中找到适合自己的方式，从中得到锻炼。比方说中老年人可选择低强度的有氧练习，达到锻炼身体、娱乐身心、保持健康的目的；而对具有较好身体素质、有意进一步提高的年轻人来说，可选择难度较高、运动量较大的竞技健美操作为练习的手段，通过竞技健美操练习，不仅锻炼了身体，而且可提高技术水平，满足其进取心要求。

因此，健美操运动具有广泛适应性的特点。

第三节 健美操的分类

健美操是体育中的一个综合性的边缘学科。随着健美操运动的不断发展，出现了种类繁多的类型。为了便于区分和运用，有必要对这些健美操进行合理的分类。目前，常用的健美操分类依据主要包括目的、性别、年龄、练习方式、人体解剖结构、参加人数等。依据健美操的运动目的，将其分为三类：

一、 健身性健美操

健身性健美操练习的主要目的是"锻炼身体、保持健康"。其中又包括以提高心肺功能，改善身体有氧代谢能力的有氧操；练习肌肉控制，改善不良姿态，培养良好气质、风度的形体操；以保持肌肉外形，防止肌肉退化为主的力量操；以减少关节负荷，利用水的阻力达到锻炼目的，并以中老年及康复病人为主要对象的水中操等。由于健身性健美操的唯一练习目的就是"健身"，因此它的动作简单、实用性强、音乐速度也较慢，且为了保证一定的运动负荷和锻炼的全面性，动作多有重复，常以对称的形式出现。

健身性健美操一般的练习时间为一个小时左右，在练习的要求上根据个人情况可适当的调节，严格遵循"健康、安全"的原则，防止运动者在运动过程中出现损伤的现象，在保证安全的基础上，达到锻炼身体的目的。

二、 表演性健美操

表演性健美操的主要练习目的是"表演"，它是事先编排好的、专为表演而设计的成套健美操，时间一般为 2 - 5 分钟。表演性健美操的动作较健身性健美操动作复杂，音乐速度可快可慢，并为了保证一定的表演效果，很少有重复的动作，但也不一定是对称性的。在参与的人数上可是单人，也可是多人，并可在成套中加入队形变化和集体配合的动作，表演者可以利用轻器械，如花环、旗子等，还可采用一些风格化的舞蹈动作，如爵士舞等，以达到烘托气氛、感染观众、增加表演效果的目的。

因为表演性健美操的动作比健身性健美操的动作复杂多变，所以对参与者的身体素质要求较高，不仅要具备较好的协调性，还要有一定的表演意识和集体配合的意识。

三、 竞技性健美操

竞技性健美操的主要目的是"竞赛"，其比赛项目有男单、女单、混双、三人和六人。竞技性健美操在参赛人数、比赛场地、成套动作的时间等方面都必须严格按照规则进行，规则对成套的编排、动作的完成、难度动作的数量等也都有严格的规定。由于竞赛的主要目的就是要取胜，因此在动作的设计上更加多样化，并严格避免重复动作和对称动作。

近年来，运动员为争取好成绩，均在比赛的成套中加入了大量的难度动作，如各种大跳成俯撑、空中转体成俯撑等，这样对运动员的体能、技术水平和表现力均提出了更高的要求。

另外，目前流行的街舞，也应该属于健美操的一种。经常进行街舞运动对心理的调节和缓解作用表现在舞者对音乐内涵的理解过程中，由于街舞不像体操那样有规定的动作，而是让运动者尽情发挥，在创作中拓宽了表演空间，充分展示自己的风格，让街舞的特点淋漓尽致地发挥。街舞的趣味性、丰富性、随意性，在有氧运动中能提高心肺功能，使压抑的神经和身心同时放松。街舞对健身和健心的作用是其他项目不可比拟的，适度的街舞运动首先对于身体健康来说是安全的，其次去追求锻炼的效果。这个项目比较青春、比较有活力，强度相对来说比较大，所以尤其适合年轻人，它的健身效果比强度低的健身项目的更好一些。

大多数健身者的体会都是健身虽好，但难以坚持。而街舞以它的丰富性和趣味性，让练习者始终带着笑容去训练。因而有经验的教练在街舞课中，通常更关注的是大家在锻炼的过程中是否高兴，动作是否自由和潇洒，是否达到了彻底的心理放松，这也是都市上班族喜欢它的一个重要原因。通过街舞的运动把生活压力尽情地宣泄出来。

第四节 各类健美操的简介

一、 低强度的有氧操

在地板上进行的没有跳跃的有氧健美操运动。它也包括一些哑铃练习或地面垫上运动。比较适合中老年练习者和初级健美操爱好者。

二、 高、 低强度的有氧操

在地板上进行的有氧运动。低强度有氧操简单，音乐速度较慢，在运动中始终有一个脚接触地面；高强度有氧操有难度，音乐速度快一些，可增加有腾空和跳跃的动作，高强度有氧操能量消耗更大些。

三、 综合有氧健身

综合有氧操指在一次课中通常结合两种或多种的健美操内容。比如高低强度健美操、踏板操、搏击有氧操，总共 60 分钟时间。根据练习者的要求，综合有氧操也可以是其他健美操内容的组合。

四、 孕妇健身操

适应孕妇或产妇的健身操。内容主要有简单的有氧运动及肌力的恢复、柔韧等内容。

五、 踏板操基础课程

低强度的踏板操课程，以学习简单的踏板动作为主的有氧踏板操。

六、 踏板哑铃课程

有哑铃的有氧踏板操。在做踏板练习时，同时手持哑铃，增加手臂的运动强度和总体强度

七、 低强度踏板课程

低强度的有氧踏板操课程，内容包括简单的踏板技术、动作组合练习、地面练习（如腹肌、腿部练习等），最后是放松运动。

八、 有氧踏板操课程

有氧踏板操在可调节的踏板上完成各种健美操动作，达到锻炼的有氧运动（锻炼时间可以是 30、45、75 分钟）。

九、 双踏板有氧操课程

使用双踏板的踏板操课程，对练习者协调性要求较高，主要适合中级和高级健美操练习者。

十、 瑜伽健身课程

结合呼吸的瑜伽伸展课程，使人身心完全得到伸展、放松，精神得到恢复。

十一、 瑜伽高级课程

高级水平的瑜伽，对柔韧要求更高，练习者需要有一定的瑜伽初级水平。

十二、 伸展课程

伸展课程结合伸展、力量和平衡等内容，能使人形体更健美，伸展也能减轻人的紧张和压力。

十三、 健美课程

课程主要以锻炼肌肉力量、肌肉线条的器械健美课程。

十四、 活力健美课程

在鼓动性极强的教练、节奏强劲的音乐下，练习者不分水平高低、使用杠铃，进行适合自己的集体的以杠铃组合练习为主的课程。比如：卧推、屈臂举、弓步下蹲，等等，快速增强肌肉力量，增加骨质密度，增加免疫能力，消耗脂肪，健美体形。

十五、 局部健美课程

局部健美课程具有针对性，比如健美手臂、腿部、腹部、燃烧脂肪的课程。这种课程一般适应大多数练习者的要求。

第五节 健美操的功能

一、增进 "健康美" 功能

增进"健康美"功能包括"健康"，即生理功能正常、无病理性改变和病态的出现。但随着经济的发展和社会的进步、人们生活水平的不断提高，现代健康已不仅仅是生理意义上的健康，而应具备健康的心理和行为。"健康美"是一种积极的健康观念和现代意识，"健康美"是人体最有效发挥其机能的状态。一个具有"健康美"的人除了自我感觉良好、可轻松应付日常工作与生活外，还有充沛的精力参加各种社交、娱乐及休闲活动，亦能自发地处理突发的应急状态。一个具有"健康美"的人应该具备的身体素质是良好的心肺耐力、肌肉力量、平衡性、灵敏性、柔韧性和协调性。

心肺耐力的发展使心脏与血液循环系统有效工作，将机体所需的营养物质、氧气及生物活性物质运送到肌肉和各组织器官，并把代谢产物运走，在有机体的生命活动中发挥重要作用。肌肉力量的发展不仅塑造强健的体魄，亦具备强大的活动能力，减缓肌肉与附着组织的退化和衰老过程，使身体动作机敏、灵活、富有朝气。

健美操作为一项有氧运动，其健身功效已具备完成上述要求的特点。有氧运动能发展人体的心肺功能，而健美操不仅具有有氧运动的

功效，且兼备发展身体柔韧性和灵敏性的作用。可以说健美操是目前发展身体全面素质的较为理想的运动。

二、 塑造形体美功能

另外，健美操的功能还包括塑造形体美功能。"形体"分为姿态和体形。姿态即我们平时的一举一动表现出来的行为习惯，受后天因素的影响较大。而体形则是我们身体的外形，虽然体育锻炼可适当改善体形外貌，但还是遗传因素起决定性作用。良好的身体姿态是形成一个人气质、风度的重要因素。

健美操练习的动作要求和身体姿态要求与我们日常生活中的状态要求基本一致，因此，通过长期的健美操练习可改善不良的身体状态，形成优美的体态，从而在日常生活中表现出一种良好的气质与修养，给人以朝气蓬勃、健康向上的感觉。

健美操运动还可塑造健美的体形。通过健美操练习尤其是力量练习，可使骨骼粗壮、肌肉围度增大，从而弥补先天的体形缺陷，使人变得匀称健美。

其次，健美操练习还可消除体内和体表多余的脂肪，维持人体吸收与消耗的平衡，降低体重，保持健美的体形。

第六节 健美操的练习常识

在健美操锻炼的过程中要想取得理想的效果，必须要科学地安排练习时间和次数，并注意运动的卫生。

一、 合理安排练习时间与次数

进行健美操练习，可根据自己的个人条件，比如工作、学习情况及生活习惯，安排在早上、白天或晚上。

但健美操以下午 3 时至晚上 8 时这段时间为最佳锻炼的时间，因为在这段时间内，体力比较旺盛。每星期安排 2~3 次，每次 1~2 小时，如在饭前练习要休息半小时才能用餐，饭后练习则要休息 1 小时以上才能进行；晚上练习，要在临睡前两小时结束，以免因过度兴奋影响入睡。

二、 注意运动卫生

做健美操前应先进行准备活动，使身体发热，提高神经系统的兴奋度。因为，人体从安静状态进入运动状态需要克服内脏器官的生理惰性，开始运动应逐渐加强，这样，血液循环和气体交换才能逐渐得到改善；新陈代谢才能逐渐旺盛，使关节、肌肉、韧带的柔韧性和灵活性增强，既可以防止损伤，又可以使肌体做好机能上的准备。练习完毕，要做整理活动，使运动时流入肌肉中的血液慢慢流回心脏，机体逐渐恢复平静状态，紧张的肌肉得到舒展放松。运动后洗热水澡，能使全身感到舒适、精神焕发，精力更加充沛。

第七节 创编健美操的基本原则

要想创建一套人们喜欢的健美操，而且符合健美锻炼和比赛要求，就必须掌握创编健美操的基本原则和程序。同时对健美操发展的现状有清楚的认识。创编整套健美操的基本原则主要包括：

一、 明确的目的性

健美操总的目的是增进健康，培养正确的体态，塑造美的形体，陶冶美的情操。但由于参与健美操锻炼的对象不同，其身体状况、兴趣爱好、锻炼条件、锻炼目的各不相同。例如有些人做操侧重于形体训练，有些人是为了增强身体素质或身体某部位的健美。因而每一套健美操所含的锻炼意义也会有所不同。所以，在创编任何一套健美操时，都应进行认真的调查研究，针对不同对象的不同生理和心理特点以及客观可能具备的条件，提出明确的具体任务。

只有这样创编出来的健美操才能更加地完美，使不同年龄段的人们都能达到锻炼的目的。

二、 鲜明的针对性

根据不同年龄、性别、职业、能力、爱好、身体情况以及发展或改善身体某部分的需要，有针对性的编制各种形式的健美操，从而解决练习者所要达到的目的。因而创编健美操时要针对不同对象的不同生理和心理的特点以及时间、场地、器材条件，提出的任务应与练习对象的要求相一致。

三、 全面性

第一，全面发展身体是指全面发展身体各个部位和各个器官系统的机能，以实现健美的总目的。健康是人体美的基础。因此，在创编健美操时，必须坚持身体锻炼的全面性。坚持全面发展身体原则，首先应根据人体解剖学的特征，选编能够锻炼身体各部位的动作。

第二，根据做操对象的具体情况和要求，选编有利于增强肌肉力量、关节灵活性、身体韧性等不同方向、幅度、频率、速度、节奏的动作。动作的方向不同，所影响的肌肉群不同；动作的幅度不同，所需要的运动量不同；动作的频率和速度不同，则直接影响肌肉的负担量。恰当地运用动作中的要素，有利

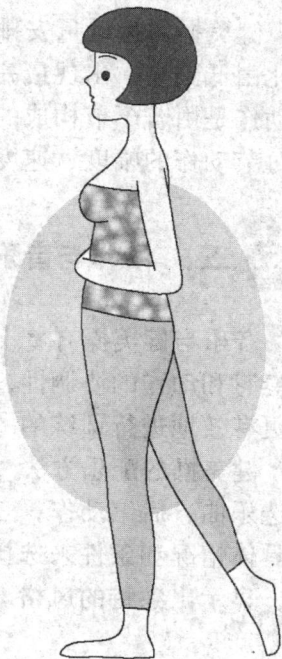

于全面发展身体。

第三，为使内脏各个器官系统得到充分的锻炼，应选编一些能加深呼吸、增强心血管机能的跳跃动作。整套健美操会使身体的各关节得到全面的锻炼。

四、 合理的动作设计、 动作顺序和运动量

健美操的动作设计，应从整套健美操的具体任务出发，紧紧围绕总体构思精心设计，避免东拼西凑。同时，力求动作简单易学，讲求实效，使其符合人体艺术造型的规律和人体生理特征，不应一味追求形式的美。

健美操的动作顺序与健美操的结构是相适应的。可依次分为准备动作，主体动作（基本动作）和结束动作。准备动作中应包括脊柱伸展、呼吸等练习。主体动作中一般采用从头颈、上肢、肩、胸、躯干、髋到下肢的练习，最后过渡到多关节、多部位的全身运动和跳跃运动。结束动作中应有意安排幅度大、速度慢的放松动作。

健美操的运动量安排应符合人体运动的生理曲线要求，使心率的变化由低到高，出现最高峰后，再逐渐恢复到平静状态。健美操的成套动作是由若干节构成的，每节动作侧重于锻炼身体的某一部位。由于每节动作的幅度、速度、强度各不相同，其运动的量也不相同。

五、 动作与音乐的统一性

音乐与健美操有着十分密切的联系。音乐不仅能够培养练习者的节奏感和动作的协调性，而且也是激发练习者情绪，启发和帮助练习者更有效地进行训练的一种手段。

健美操的配乐方法一般有三种：一是先编动作，后选乐曲；二是先选乐曲，后编动作；三是先编动作，后创编乐曲。这三种方法需根据具体情况和条件来选择，总的目的都是使动作和音乐配合默契、和谐，显示出独特的风格。

六、 合理安排动作顺序

测定整套操的运动量，编排运动量曲线图，对运动量进行分析和调整。
成套健美操的编排结构可分为三部分：

第一部分为准备动作，一般是先从远离心脏的部位开始。如踏步、进行脊柱的伸展加深呼吸或从头颈活动开始，再进入主体部位的活动。要求动作柔和、速度缓慢，为完成整套动作做好身体和精神上的准备。

第二部分为基本动作。一般先从头颈或上肢动作开始，再进行肩、胸、腰髋和下肢和多关节部位的全身运动和跳跃运动。

第三部分为结束部分。一般应选择一些幅度不大、速度缓慢、轻松自如的放松四肢和躯干的练习，使身体和脉搏尽快恢复到正常状态。

每套动作由若干大节构成，每一大节侧重发展某一部位的任务，可从各个不同的角度去影响某一部位，使某个部位得到充分、全面的锻炼。

七、 动作设计的创造性

健美操动作内容极其丰富多彩，动作素材来源于生活，从社会实践中获得的动作，通过精心的设计，编排创造出多种多样优美的、新颖的、符合时代特点的动作。健美操动作要不断地创新，才能保持其旺盛的生命力，动作的设计要力求新颖、独特。

设计动作时，要根据健美操的特点，将体操及舞蹈动作结合起来再创造，所设计的动作必须突出"操"的特点，现代健美操的每节动作多是以组合的形式出现，同时突出某个主要部位的活动。例如做肩部提、绕、绕环、转动动作，同时配合下肢的屈伸和髋部扭动动作。

另外，可将一些动作素材通过改变开始姿势、动作方向、幅度、速度、节奏、路线等方法以及结合具体对象，创造出结构合理、实效性强的新颖、优美的动作。成套动作中动作之间的衔接上也要有创造性，衔接要巧妙，给人以流畅、新颖的感觉。

八、 记写成套动作

编操之后，需把每节操的图解和文字说明写下来，记写的内容和顺序如下：

a. 写出每节动作的名称和动作的重复次数，如第一节伸展运动（2个8拍）

b. 绘制动作简图，简图包括预备姿势，每拍动作的主要姿态，动作路线和结束姿势。

c. 记写每节操的要求和做法，写出每拍动作的说明，力求简明扼要，术语正确。首先写明预备姿势，其次写明每拍动作的做法和结束姿势。记写动作时，一般是先下肢后上肢，先左边后右边，并明确指出动作的方向、路线和做法等。

d. 写出做操时的注意事项。

九、 实验和修改

可以选择具有代表性的对象进行实验，收集对动作、音乐、运动负荷等方面的意见进行修改。

健美操的创编步骤可以概括为：

（1）明确编操对象及编操目的。

（2）调查做操人的具体情况和拟定编操方案。调查内容应包括做操人的年龄、性别、身体状况、场地器材条件等。编操方案应包括操的名称、任务、特点、形式；动作的难易程度；节数及顺序、运动量的大小；对身体各部位的影响；对动作的数量和重复次数进行适当的调整。

第二章　健美操运动的发展

健美操运动从无到有，从小到大，同样，也经历了一个曲折的过程，曾几何时由于发展历史与健身观念的不同，人们对健美操也有过一些错误的认识。有人认为健美操运动有伤风化，而认为健美操是以关节运动为主的练习，是不正确的，并且认为健美操只是长时间的跳跃运动，也是不全面的。其实上面提到的认识，只是局限于健美操健康与美丽的外在表现，而没有看见健美操运动的内在实质和其精髓。

目前，从健美操的发展来看，关节运动只是健美操运动前的一个热身，而长时间的跳跃运动确实会对人的膝踝关节损伤较大，应该加以注意，我们的锻炼应该通过大量的走动（包括慢跑），而且大量的走动加上适当的低强度跳跃，再加上上身动作而得到的。有氧练习部分是健美操影响人们的最主要部分。

另一方面，由于健美操是舶来品，加上东西方的文化存在着较大的差异，许多女性认为突出的肌肉块影响了美丽，因此，我国没有将欧美等健美操锻炼方法照搬过来，而是，大多以复杂的上下肢配合动作为主，以提高身

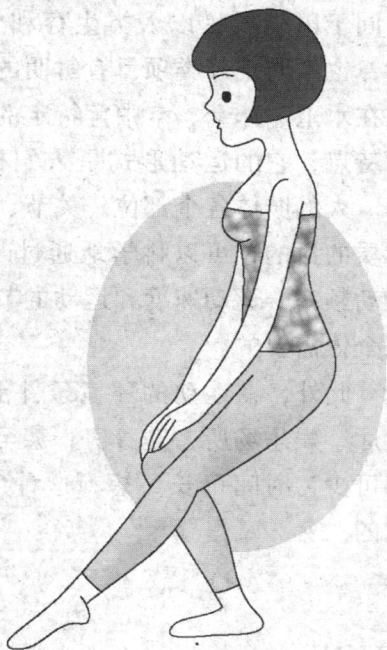

体的协调性为主要目的，尤其是上肢力量的练习少之又少，其实力量练习同样是有氧运动，适量的力量练习不仅可以增加肌肉的弹性，塑造体形，而且可以延缓衰老，是健美操练习的重要组成部分。

只要掌握正确的方法，肌肉也会变得美观，使人显得更年轻，更漂亮，更有活力。

第一节 健美操运动具有较大的发展空间

体育产业化，体育运动推向市场，对经营者要考虑顾客的需求，有市场才有产业的生路。消费者则要考虑物有所值，体育消费更要有增进健康、愉悦身心的效益。各种体育运动项目要谋求发展就要适应时代的需求，不断改革与创新以占有市场。

健美操作为锻炼身体的体育项目之一，其运动范围比较广泛，它不同于田径项目以人类生存和生活的技能走、跑、跳为主体进行运动，也不同于球类项目有鲜明的游戏对抗性，更不像有些运动项目需要在水上、冰上、空中等特定的环境下进行。健美操运动具有随意性的特点，它的运动形式是人们根据需要而人为地创造动作去进行练习。人的肢体各个部位、关节、肌肉和器官的锻炼，是为了达到增强体质的目的，可以科学地通过改变身体姿势、运动方向、运动路线、运动频率、运动速度和运动的节奏进行调节，以创编适宜于不同人群或个体需要的。

此外，在运动的环境条件上，健美操可以在室外、室内、广场、大厅、娱乐场所、健身房，甚至在家庭的居室中进行。练习的人数可多可少，时间可长可短，这种广泛的适应性是一般运动项目难以相比的。

第二节 经济发展带动了健美操的发展

随着我国经济的发展，人民生活水平不断提高，健康已成为人们追求高质量生活的不可缺少的一部分，尤其是我国全民健身计划实施以来，越来越多的人参与到了体育锻炼中来，健身变成了人们生活中不可缺少的组成部分。健美操作为一项运动，在我国全民健身活动中占有一定的地位，是近年来非常流行的一项体育运动。

另外，20 世纪 80 年代以来，随着人们健康观念的更新，健康成为许多人共同追求的目标，参与体育锻炼的人越来越多，喜爱健美操的人也越来越多，健美操成为体育产业的一个重要组成部分。在这种形势下，出现了一些自称为健美操的运动形式，为规范市场、促进健美操运动的健康发展，中国健美操协会推出了《健美操活动管理办法》《全国健美操指导员专业技术等级实施办法》等，加大了健美操指导员专业培训的力度，并邀请国外专家来华讲课，增进了国内外的信息交流，这些举措对提高我国健美操从业人员的专业水平、更新观念、吸收国外健美操运动发展的先进经验起到了巨大的作用，从而推动了我国健美操运动的快速发展，相信未来将有更多的人参与到健美操运动中来。

目前，我国的大部分城市都引进了一些健美操练习形式，如踏板操、搏击健美操等，在内容的选择上和练习方法上也在逐渐向国际上靠拢。

人们参与健美操锻炼就是健身与娱乐。我们对健美操的健身功能是了解的，但对娱乐却有不同的理解。其实，任何体育活动都与娱乐有关，寻求快乐是人类的天性和自然的心理需求，在得到乐趣的同时达到健身的目的是健美操的首要准则。所以健美操锻炼要注重练习者的心理感受和情绪体验，即练习者表现出来的热情与活力、快乐与自信以及成就感。由于每个人身体状况和运动水平都是不同的，所以，健美操的随意性更为它的发展创造了一定的想象空间。

第三节 国际化交流促进了健美操的发展

　　1994年5月，瑞士的日内瓦举行了国际体操联合会第六十九届代表大会，通过接受健美操进入国际体联，建立了FIG健美操委员会，从此世界健美操运动及各种健美操组织实现了一体化的领导。1995年，国际体联在巴黎举办了第一届世界健美操锦标赛，参加者达34个国家，显现了它的组织号召力。国际体操联合会是世界最早的体育单项联合会，是国际奥委会所属的体育组织。国际体联下属的男、女、竞技体操、艺术体操早被列入奥运会项目。以国际体联的资历、严密的组织机构和举办国际赛事的水平将极有条件把健美操推向奥运会，从而促进竞技健美操在国际范围的普及与发展。

　　奥林匹克运动的精神是"更快、更高、更强"，奥林匹克弘扬的是对体育运动的"重在参与"。它科学地阐明了普及与提高的关系。1998年3月，国际体操联合会在意大利的威尼斯召开了体操发展方向研讨会，进一步明确了体操的发展必须适合市场的需求，并受到宣传媒体的欢迎。它表明国际体联所属的任何运动项目，在市场经济条件下只有加大宣传力度、扩大参与和喜爱该项运动的人口，并对竞赛规则和形式进行改革，使它不仅对运动员同时对公众和媒体更具有吸引力，是谋求

该项运动发展的途径。在国际体联的统一领导下，世界各国的健美操运动将沿着正确的方向蓬勃发展。

知识经济时代，信息科学技术高度发展，计算机技术、软件技术、多媒体技术、网络技术等层出不穷的高科技技术的应用，促使世界科技信息的交流普及日益广泛。今天，美国最新流行的健美操健身方法通过电视可以带领中国公众共同练习，世界有关健美操的资料可以从互联网上去查询。可以说国际体联统一领导的小环境，加上世界信息科技迅猛发展的大气候，给健美操运动的普及与交流提供了极其良好的条件。

第四节 竞技健美操的产生促进了健美操的发展

由于健美操运动的蓬勃发展，竞技健美操也就应运而生。竞技健美操作为一项体育运动，只有比赛，才能使人们在这个过程中发现自己的不足和缺点，才更有利于健美操运动的发展和提高，竞技健美操的比赛，有利于群众的业余文化生活的丰富多彩，人们经常通过在业余时间参与健美操运动来达到健身的目的，随着健美操运动在我国的快速普及与发展，竞技健美操的比赛也早已正规化了，目前，不仅有国际比赛还有正式的全国锦标赛，省、市比赛，甚至单位、学校内部的比赛。

近年来，健美操还经常作为表演项目出现在各种场合，对宣传健美操运动起了重要作用。为准备比赛或表演，表演者付出了一定的时间和精力，但同时也是健身和娱乐的过程，而表演本身又满足了表演者自我表现的欲望，达到了娱乐身心的目的。对观众来说，观看比赛和表演本身就是一种娱乐行为，在观看过程中，运动员精湛的技艺、强健的体魄，是一种"美"的享受，起到了振奋精神的作用，丰富了群众业余文化生活。

从竞技健美操的产生发展至今，各种国际比赛的因素不同且不断变化，技术水平也不断提高。由于所使用的竞赛规则不同，因此各个比赛的场地与时间也不同，但比赛项目则较统一，均为男单、女单、混双和三人。而 FIG 比赛在 2001 年还增加了混合六人项目。此外，随着比赛激烈程度的增加、技术水平的提高，今后竞技健美操的技术发展趋势将是突出成套动作编排的艺术性和动作的创新。

第五节 健美操运动的发展趋势

由于时代的进步、科技的发展，工作时间和体力消耗减少，主要依靠充分发挥人的聪明和智慧不断地将智力资源转化为生产力。这种劳动生产方式的改变首先导致人的各种器官系统的退化。此外，紧张的脑力劳动、生活节奏加快又促使各种心理疾患的发生，例如：焦虑、抑郁、狂躁、孤独和自卑等心理失调的状况不断增加。由此而引发各种高血压、冠心病、糖尿病、脊柱病、神经官能症和肥胖症等"文明病"、"都市病"的流行与蔓延。21 世纪的特点，使人们对体育运动的需求日趋强烈，体育成为满足人们肢体运动、心理调节和情感依赖的主要手段。

可以预料，我国在《全民健身计划纲要》中所提出的到 2040 年"经过努力，基本建成具有中国特色的全民健身体系，使体育成为人们生活中不可缺少的组成部分，经常参加体育活动的人数、国民体质与健康水平等主要指标接近中等发达国家水平"这一目标一定会实现。

社会体育的科学化是提高体育健身活动质量的关键。要在科学技术的指导下，建立起适合我国国情的不同年龄段人群体质的测定标准，提供科学有效的运动处方；还要对各种健身娱乐的方法和手段进行挖掘、整理和推荐，形成具有中国特色的、丰富多彩的文明健康的健身体系。只有提高体育活动的科学性，才能使参加体育运动的群众能有效地锻炼身体，促进体质的增强。

第三章 健美操运动的意义

　　健美操练习是一种卓有成效的锻炼身体的方法。健美操作为一项有氧运动，具有所有有氧运动的健身功能，如全面提高身体素质、提高心肺功能和肌肉耐力，促进肌体各组织器官的协调运作，使人体达到最佳机能状态。此外，健美操不同于其他有氧运动项目之处在于它是一项轻松、优美的体育运动，在健身的同时，带给人们艺术享受，使人心情愉快，陶醉于锻炼的乐趣中，减轻了心理压力，促进身心健康发展，从而更增强了健身的效果。

　　健美操表演与比赛有利于群众业余文体生活的丰富，体育是人类社会文化生活的一个重要组成部分，人们经常通过在业余时间参与体育运动来达到强身健体、娱乐身心、促进交流的目的。随着健美操运动在我国的快速普及与发展，健美操比赛也逐步正规化。目前，健美操运动的意义与功能是缓解精神压力，娱乐身心功能。

　　随着我国经济的持续发展，人民生活水平不断提高，健康已成为人们追求高质量生活最关心的问题，尤其是我国全民健身计划实施以来，越来越多的人参与到体育活动中来，健身变成了人们生活中不可缺少的组成部分。健美操作为一项很有特色的运动，在

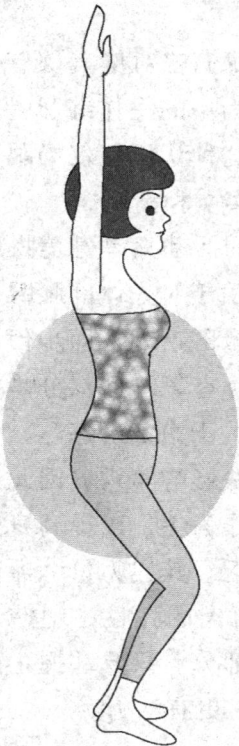

我国全民健身活动中占有非常重要的地位，是近年来非常流行的一项体育运动。

健美操运动起源于 20 世纪 70 年代末、80 年代初的美国，它的英文原名是"Aerobics"，意思为"有氧操"、"健美操"这个名称只是在它刚传入我国时，根据它的运动特征所起的中文名称。健美操是有氧运动的一种。有氧运动是相对于无氧运动来说的、以人体有氧系统供应能量的运动，其特点是活动时间长、强度低，主要影响练习者的心肺功能，是耐力素质的基础。事实上，从提高健康水平的角度来说，只有有氧运动才能良好地影响人体，才能达到锻炼身体的目的。有氧运动包括慢跑、骑自行车、游泳等所有持续时间长、强度低的体育活动，健美操运动只是其中的一种。因此，从健美操的英文原名（Aerobics）来看，我们可以得出这样的结论，即健美操运动的基础和实质是有氧练习，具体到健美操本身的运动特点就是持续一定时间的、低强度的全身性活动。

多年来，由于发展历史和健身观念的不同，我们曾对健美操有一些错误的认识。如把健美操误认为以各关节活动为主的操作练习，是以长时间的跳跃运动来增加运动量的，现在看来这种认识仅仅局限于健美操健与美的外在表现，而没有抓住其内在的实质和精髓。

从目前国外健身健美操的发展来看，各关节的活动只是健美操练习热身（准备）的一部分，而长时间的跳跃练习由于对人体的膝踝关节损伤很大应尽量避免，必要的运动量是通过大量的走动，即步伐和适量的低强度跳跃，配合简单的上肢动作取得的，有氧练习部分是健美操影响人体的最主要部分。另一错误的认识是关于力量的练习，由于东西方观念的差异，许多女性认为过大的肌肉块影响美观，因此以前我国多数的健美操课是以复杂的上下肢配合动作为主，以提高身体的协调性为主要目的，尤其是上肢力量练习较缺乏。其实力量练习同样也是有氧运动，适量的力量练习不仅可增加肌肉的弹性、塑造体形，而且可延缓衰老，是健美操练习的重要组成部分。只要掌握正确的方法，肌肉只能变得更美观，使人显得更年轻、更有活力。

第一节 健美操运动对青少年成长的意义

由于健美操运动是一项有氧运动，所以它有益于肌肉、骨骼、关节的匀称发育，形成正确的体态和健美的形体。可以加强关节的韧性，提高关节的弹性和灵活性，从而减少青少年在运动中伤害事故的发生。

健美操运动使心脏功能加强，使心肌纤维变得强壮而有力，一般情况下，心脏每分钟输出约 1 公斤血液，运动时可达到 8 公斤。

健美操是有氧运动，经常锻炼会使人的呼吸加深，次数减少。可使呼吸肌得到充分的休息时间，呼吸功能好，对青少年保持旺盛的精力十分有利。

健美操运动能强壮消化系统，使消化液的分泌增加，胃肠蠕动增强，消化、吸收加速。另外，做健美操时呼吸加深，膈肌大幅度上下移动和腹肌的激烈活动，对胃肠道起到按摩作用，从而增强其消化系统的功能。

健美操运动可以改善肾脏的血液供应，提高肾脏排除代谢废物的能力。

健美操对心理锻炼的价值十分明显。伴着节奏欢快的乐曲做健美操，产生一种手舞足蹈、向往和追求美的心理趋势，感受到愉快的情趣，培养和帮助孩子进入一种最佳的心理状态。

健美操可以提高青少年观察与模仿动作的能力，提高自身素质修养和气质，提高青少年的创造性思维，并使青少年学会如何锻炼以及养成锻炼身体的习惯。

第二节 健美操对不同人群的意义

健美操具有鲜明的针对性，可以根据不同的年龄、性别、职业、能力、爱好、身体情况以及发展或改善身体某一部分的需求而编制各种形式的健美操，目的在于解决练习者所要达到的目的，具有很强的针对性。

目前，我们所了解的大概有以下几种：

1. 为中老年和初级健美操爱好者设计的、在地板上进行的、没有跳跃的有氧健美操，它也包括一些哑铃练习或地面垫上运动。

2. 为孕妇设计的孕妇健身操主要有有氧运动、肌力的恢复柔韧等内容。

3. 低强度的有氧踏板健美操，内容包括简单的踏板技术、动作组合练习、地面练习（如腹肌、腿部练习等），最后是放松运动。

4. 使用又踏板的踏健美操，对练习都协调性要求较高，主要适合中级和高级健美操练习者。

5. 有氧舞蹈。中低强度的有氧运动，它结合健美操和各种现代舞的内容（特别如：拉丁舞、摇摆舞等），幅度相对大些。

6. 有氧热舞。有氧热舞是中等强度的有氧舞蹈，运用流行音乐、选择许多热舞特点的动作。这种有氧舞能活动全身的许多关节，在练习时，膝部要求放松、灵活，髋部动作也很多，并且动作幅度大，动作灵活、潇洒。

7. 功率自行车课程。在健身教练的指导下进行室内的有氧自行

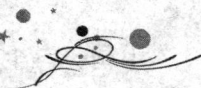

车练习，通过调节自行车，使你感觉如上山坡、平地、下坡等。

8. 搏击健美操课程像拳击运动员戴手套，课程在音乐中结合健美操、拳击和自由搏击的技术而形成的有氧操。动作有各种步伐、各种踢腿、刺拳、冲拳、勾拳等。

9. 水中有氧健美操的运动特点是：在水中，在音乐伴奏下、在教练的指导下完成的有氧健美操。

在针对不同的人群，编写健美操时应注意：

编写儿童健美操要具有游戏功能，要给儿童带来愉快和欢乐。在设计和选择动作时，应选择一些自然活泼、轻松愉快、造型美观、易于模仿的动作。

编写青年健美操时，应多选择刚劲有力、健美大方、富有青春、积极向上、振幅较大等结合舞蹈动作以及现代特点突出、有明显锻炼价值的动作。

编写老年人健美操时，应选择简单易学、幅度小、速度慢等简单的摆动动作即可。

创编竞技健美操，除符合一般健美操编排原则外，还必须符合健美操竞赛规则的要求（难度和难度数量、时间、场地等要求）。成套动作必须在时间短、节奏快、动作多、变化多和强度大的情况下完成。因此，具有一定身体训练水平的人才易于接受。

第三节 健美操运动本身的意义

健美操是我国全民健身运动的一个重要组成部分。随着我国人民生活水平的迅速提高，健身、休闲、娱乐逐渐成为人们的日常需要，尤其是自从 1995 年我国政府全面推行"全民健身计划纲要"以来，通过广泛的宣传和教育，广大人民群众进一步加深了对体育运动重要性的认识，体育锻炼不再像以前一样是一种行政手段，而变成了人们的自觉行动。

随着社会的发展和科学的进步，人们在享受科学技术所带来的舒适生活的同时，也受到了来自方方面面的精神压力。研究证明，长期的精神压力不仅会引起各种心理疾患，而且许多身体疾病也与精神压力有关，如高血压、心脏病、癌症等。

体育运动可缓解精神压力，预防各种疾病的产生。而健美操作为一项体育运动，以其动作优美、协调、锻炼身体，同时有节奏强烈的音乐伴奏而著称，是缓解精神压力的一剂良方。在轻松优美的健美操锻炼中，练习者的注意力从烦恼的事情上转移开，忘掉失意与压抑，尽情享受健美操运动所带来的欢乐，得到内心的安宁，从而缓解精神压力，使人具有更强的活力和最佳的心态。

另外，健美操锻炼增强了人们的社会交往。目前，无论是国外还是国内，人们参加健美操锻炼的方式是去健身房，在健美操教练的带领和指导下集体练习，而参与健美操锻炼的人来自社会的各阶层，扩大了人们的社会交往面，把人们从工作和家庭的单一环境中解脱出来，可接触和认识更多的人，开阔眼界，从而为生活开辟了另一个天地。大家一起跳、一起锻炼，共同欢乐、互相鼓励，有些人因此成为终身的朋友。因此，健美操锻炼不仅能强身健体，同时还具有娱乐功能，可使人在锻炼中得到一种精神享受，满足人们的心理需要。

另外，健美操作为一项有氧运动，其特点是强度低、密度大，运动量可大可小，容易控制，因此，除对健康的人具有良好的健身效果外，对一些病人、残疾人和老年人也是一种医疗保健的理想手段。例如对下肢瘫痪的病人来说；可做地上健美操和水中健美操，以保持上体的功能、促进下肢功能的恢复。

总之，体育锻炼正成为时尚，人们转变了思想、更新了观念，自觉自愿地为健康投资，因此，越来越多的人积极参与到体育运动中来，掀起了一个全民健身的热潮。健美操作为一项新兴的体育运动，以其独特的魅力在众多的传统体育项目中脱颖而出，受到越来越多的人的喜爱。

目前，社会上以健美操为主要内容的各种健身中心遍布全国大中型城市，而且健美操也被大中小学列入教学大纲，作为正规的教学内容传授。

另外，各种以健美操为主要内容的电视节目的播出，也促进了健美操运动的普及与开展，使更多的人认识了健美操，并加入到健美操锻炼中来，健美操已成为全民健身运动的一个重要组成部分。

第四章　健美体操的设施环境

进行健美体操运动需要一定的设施和环境，良好的设施、环境能够让健美操做起来更加舒心愉快，从而提高成绩，达到预期的训练效果。

第一节　场地设施

一、　场地标准

呈正方形。四周用宽 0.05 米的白色标志带圈定，带宽包括在场地面积之内，场内为地板或铺地毯。男子三人、女子三人、混合六人场地边长为 12 米；男子单人、女子单人、混合双人场地边长为 9 米。竞赛场馆高度至少 8 米，地面为木质地板，要有足够的灯光照明。

二、　安全区域

场地周围至少有 1 米宽的安全区。裁判员坐席靠近赛区一边，排成一排。裁判员之间距离 1 米宽。

第二节 器械装备

一、 轻器械概念

运动员个人能手持移动的器械称作轻器械。

二、 体现安全性

轻器械的运用要体现安全性与美观性，不允许使用刀、枪、剑等较锋利的、具有伤害性的器械。

第三节 服饰装饰

健美操是一项美的运动，所以练习健美操时，尽量保持一个好的心情和良好的精神面貌，这样才能为这项艺术性极强的运动增色添彩，使练习者增强表现力和自信心。

一、 服饰的原则

1. 服饰功能。条件好的人可以多准备几套。冬天锻炼不宜穿戴太多太厚，可以穿紧身长内衣。在任何季节，都不要穿不吸汗的衣裤。一些人喜欢穿不透气的减肥裤，那是错误的。因为流汗所失去的水分并不能使体重长期地减少，却使身体最有效的降温手段失效了。

2. 便于活动。在衣着装束方面，如果有条件应该选用专门的健美

操服装，如果没有专用服装，则要选择质地柔软、弹性好、透气性强的服装，这类衣服穿着舒适，便于活动。

3. 美观整洁。除美观整洁外所穿衣服必须是整洁干净的，这将体现出一个人的精神面貌。另外，选择衣着尽量做到美观、大方、合体，这样会让人充满自信、精力充沛，更便于在健美操表演中展现与众不同的魅力和风采。

4. 竞赛服饰。竞赛时要求女运动员身着一件套泳装式健美操服，前后可有开口，但上下端要在同一处合拢，服装遮体恰当、紧身，必须着裤袜。男运动员身着一件套的连衣裤或背心、短裤，内穿紧身的三角裤。

二、 装饰的选择

对于发式的选择，应该以简洁大方为原则，长发最好束于脑后，不让其遮挡视线还可给人以美感。在锻炼时，身上不要戴种装饰物，如手链、耳环等，以免给练习带来不便。运动员化淡妆，女运动员需剃腋毛。运动员都必须佩戴号码牌。

三、 鞋袜的选择

鞋袜的选择也是十分关键的，鞋子要选择大小合适，柔软性、弹性、透气性都很优良的运动鞋，不能穿厚底鞋和高跟鞋。鞋子松紧程度以感觉舒适为最佳，太紧会影响下肢的血液循环。袜子应以纯棉质地最佳，平常穿着较多的尼龙袜不适合健美操锻炼时穿用。

四、 协调或一致

混合双人、三人、混合六人项目，运动员服装应协调或一致。

第四节 个人卫生

一、练习时

健美操练习时，应将身体进行清洁，这一方面是为了美观，更主要的是为了保持皮肤的清洁；因为健美操是一项消耗热量的运动，所以身体出汗是在所难免的，只有皮肤清洁，才有助于汗液的顺利排出。

二、练习后

锻炼之后，如果有条件可洗热水澡，这样可以令身体倍感爽洁，还有助于消除疲劳，但时间不宜过长。

第五节 环境卫生

一、室外

除个人卫生外，环境卫生也是不应被忽视的。自然而优美的环境是进行健美操锻炼最理想的场所，如果选择室外的自然环境作为健美操的练习场地，最好选在绿色植物较多、没有污染、空气清新的地方。

二、 室内

如果是进行室内锻炼，一定要保持良好的通风状态，并保持一定的温度和湿度，地面要干净、平整、软硬适宜；室内整体光线充足。

第六节 背景音乐

一、 迪斯科

1. 迪斯科音乐由爵士乐不断演变而成，多带着唱，快节奏，重音不断地重复，主要表现得往往不是歌曲的内容，流行于 20 世纪 60 年代的欧美，源于美国。

2. 迪斯科音乐的主要特点是它的旋律继承了爵士乐的切分节奏，更强调打击乐，多采用单拍子，重复不间断地出现，表现出旺盛的精神力量。

二、 摇滚乐

摇滚乐又称滚石乐，是从爵士乐中派生出来的音乐。它有快有慢，往往反复出现一种节奏型，带有摇摆的感觉。它继承了爵士乐演奏的即兴性、打击乐的多样化及其在乐队中的重要位置。

三、 轻音乐

轻音乐包括很多种类，上面提到的各类音乐都属轻音乐范畴，轻音乐至今没有一个固定的定义，通常指那些轻松愉快、生动活泼而又浅显易懂的音乐。它一般不表现重大的主题思想和复杂的戏剧性内容。

轻音乐大致分五类：

1. 舞曲。轻松活泼的舞曲。
2. 配乐。电影音乐和戏剧配乐。
3. 歌曲。通俗歌曲及流行歌曲。
4. 曲调。日常生活中的舞蹈音乐和民间曲调。
5. 轻歌剧。

第五章　健美操的技术特征

一、具有"健、力、美"特征

健美操是融体操、舞蹈、音乐于一体的追求人体健与美的运动项目，因此，健美操属于健美体育的范畴，具有高度的艺术性。健美操的艺术性主要体现在其"健、力、美"的项目特征上。

健康、力量、美丽是人类有史以来所追求的身体状况的最高境地，而健美操运动中，无论是健身健美操还是竞技健美操，无不处处表现出"健、力、美"的特征，包含着高度的艺术性因素，使健美操不同于其他运动项目，这也正是人们热爱健美操运动的原因之一。

二、协调、流畅、有弹性

健美操运动协调、流畅、有弹性，使练习者不仅锻炼了身体、增强了体质，而且从中得到了美的享受，提高了艺术修养。而健美操运动员在竞赛中所表现出的健美的体魄、高超的技术、流畅的编排和充沛的体力等，也无不给观众留下深刻的印象，充分体现出健美操运动高度的艺术性。

第二节 强烈的节奏性

健美操动作具有强烈的节奏性特点，并通过音乐充分地表现出来，因此，音乐是健美操运动不可缺少的组成部分。

一、 节奏强劲有力

健美操音乐的特点是节奏强劲有力、旋律优美，具有烘托气氛、激发人们情绪的效应。

二、 有强烈时代感

健美操运动之所以深受人们喜爱，除练习本身的功效性、动作的时代感外，很重要的因素之一是现代音乐给健美操带来的活力。健美操运动与音乐强烈的节奏性使健美操练习更具有感染力，健美操竞赛和表演更具有观赏性。

第三节 广泛的适应性

一、 条件要求不高

健美操练习形式多样，运动量可大可小、容易控制，对场地器材的要求也不高。

二、 适宜各类人群

健美操对各个年龄层次、不同性别、不同身体素质、不同技术水平的人都适宜，各种人群都能从健美操练习中找到适合自己的方式，从中得到乐趣。例如中老年人可选择低强度的有氧练习，达到锻炼身体、娱乐身心、保持健康的目的。

而对具有较好身体素质、有意进一步提高的年轻人来说，可选择难度较高、运动量较大的竞技健美操作为练习的手段，通过竞技健美操练习，不仅锻炼了身体，而且可提高技术水平，满足其进取要求。因此，健美操运动具有广泛适应性的特点。

第六章　健美体操的基本技术

第一节　落地技术

一、落地技术目的

　　健美操的落地技术主要指的是落地缓冲技术。落地缓冲的主要目的是使身体尽可能地保持稳定，同时减少地面对关节、肌肉的冲击力，以避免造成运动损伤。

二、落地技术要领

　　健美操的落地技术为：落地时，由脚跟过渡到全脚掌或由前脚掌过渡到全脚掌，然后迅速屈膝、屈髋缓冲。

第二节 弹 动 技 术

一、 弹动技术作用

健美操的弹动主要依靠踝关节、膝关节、髋关节的屈伸来完成的，它的主要作用是减少运动对关节的冲击力，从而减少运动对人体造成的损伤。

二、 弹动技术要领

值得注意的是在屈伸的过程之中，腿部的肌肉要协调用力才能有效地防止损伤与产生流畅的弹动动作。

第三节 半 蹲 技 术

一、 半蹲技术要领

半蹲时，身体重心下降，臀部向后下45度方向用力，膝关节不应超过脚尖，腰腹、臀部和大腿肌肉收缩，上体保持正直，重心在两腿之间，起落要有控制。

二、 要避免的动作

分腿半蹲时，脚尖自然外开，应特别注意膝关节弯曲的方向要与脚尖的方向一致，避免脚尖或膝关节内扣或过度外开，避免膝关节角度小于 90 度。

第四节 控制技术

一、 控制技术要领

在整个非特殊条件下的运动过程中，身体应该保持自然挺拔、头部稍稍昂起的姿态，颈椎、胸椎、腰椎处于正常生理曲线的位置，并始终保持腰腹和背部肌肉收缩，避免因腰腹部位的摆动和无控制而可能引起的腰部损伤。四肢的位置避免过伸。

二、 要达到的要求

健美操练习过程中的身体姿态取决于肌肉用力的感觉和程度，总的动作感觉应是有控制但不僵硬、松弛而不松懈。

第七章 竞技健美操

竞技健美操作为一项群众性体育运动，只有"比赛"才能使其成为一个真正的竞技体育项目。健美操的首次国际比赛是由 IAF 在 1983 年举办的"第一届国际健美操比赛"，因而竞技健美操的发展历史只有十几年时间。竞技健美操作为健美操的一种，它是以比赛为目的，检验各个国家及地区健美操发展水平的一种手段。

竞技健美操是在音乐伴奏下，通过难度动作的完美完成，展示运动员连续表演复杂和高强度动作的能力。成套动作必须通过所有动作、音乐和表现的完美融合体现创造性。

成套动作要求充满活力、有创造性，以健美操方式表现动作设计和流畅的过渡动作。成套动作必须显示身体双侧的力量和柔韧性而不重复同一动作。

竞技健美操起源于传统的有氧健身操。作为竞技运动，它的比赛有以下几个项目：男子单人，女子单人，混合双人，三人

（三名运动员性别任选），六人（现只限于国内比赛）。比赛时间限制在 1 分 45 秒上下，浮动五秒钟。比赛场地为 7×7 平方米（六人操场地为 10×10 平方米）。比赛服装也有专门的规定，一般为紧身的专业健美操服装，比赛有专门的竞赛规则，对每一具体细节都做出详细的说明。

成套动作必须表现出健美操动作类型（高和底动作的组合）、风格和难度动作的均衡性。健美操动作的姿态要求是躯干直，呈一直线位置，臂腿动作有力、外形清晰。动作编排要合理利用全部空间、地面以及空中动作。成套动作必须包括四类难度动作。

竞技健美操在 1980 年便在有些国家举办了比赛，之后出现了一些国际性的健美操组织，从 1985 年开始有了世界性的健美操比赛 NAC、IFA、FISAF、FIG 等，1994 年，成立国际体联健美操联合会（FIG），1995 年，举办了首届世界健美操锦标赛，共有 34 个国家和地区参加，运动员人数达 200 多人。NAC 于 1989 年成立，1990 年有 15 个国家参赛，到 1996 年参赛国家达到 31 个。除此以外，各个健美操国际组织还单独或合作举办各种世界健美操巡回赛和大奖赛，以扩大健美操运动在世界范围的影响。每年各种国际比赛的参赛人数呈逐年增多的趋势，表明竞技健美操是一个具有强大生命力的竞技体育项目。

第一节 怎样欣赏竞技健美操

竞技健美操的比赛不同于群众性的健身活动，是根据规则的要求编排而成。无论是中、老年或青少年健美操比赛，还是竞技健美操比赛，我们要看成套操是否具有全面锻炼身体的价值，动作设计是否符合年龄的特点和完成动作的能力。在观赏健美操比赛时，应从两方面

去欣赏：

一、 成套动作的艺术性

艺术性包括：新颖、舒展、美观、大方的动作编排，动作之间的连接要合理、巧妙，动作素材要新颖、多样化。

一套动作要有好的开始和成功的结尾。结束动作要和前面动作相呼应。动作类型、表现应和音乐的风格相一致，协调统一。

集体项目，运动员配合要默契，相互间要有交流。队形变换要自然、流畅、清晰并且要充分利用场地。选择的音乐不但要与操协调，而且要动听、优美、健康。

二、 成套动作的完成情况

完成情况包括：身体姿势要正确，技术规范，动作准确到位。

力度是健美操特点之一，做动作时不能松懈、无力。集体动作要整齐，包括动作幅度的大小都要一致，整齐划一。

完成动作时的表现力非常重要，运动员通过自己的表演和表情去感染观众，同时激发自己的情绪。

设计新颖、整体统一的健美服装、鞋子和整洁的发式，展现了运动员的精神面貌，使运动员的形体更加优美，也为比赛或表演奠定了基础。

一套高水平的健美操，集健身、艺术表现为一体，使人赏心悦目、振奋精神，给人以美的享受。

第二节 竞技健美操有两项基本要求

一、 身体正确姿态的控制技术

身体正确姿态的控制技术是指在完成成套动作的过程中，要求运动员始终保持正确的身体姿态，无论是开始、动作过程甚至结束动作均要求保持正确的身体姿态，包括上肢：头、颈、肩、上臂、前臂相对于脊柱的位置，重要的是脊柱本身的正确位置；下肢：髋、膝、踝的位置；身体的上下、左右、前后的状态相对于脊柱的合理分配。在整套动作过程中，人体保持的一种合理的准确的具有平衡性的姿态，身体的三个轴与面的控制技术。

二、 节律性的弹动技术

身体节律性的弹动技术是指在整套动作过程中，保持明确的节奏感，这种节奏感贯穿于身体的弹动中，身体的弹动主要是指下肢动作通过髋、膝、踝的弹动，身体通过对地面的作用力反作用于（脚）踝、膝和髋关节，产生依次的传递和关节的协调屈伸。

这两种技术是不能完全分开论述的，它们彼此有很深的联系，相互支撑，相互渗透，每一个动作的构成、动作与动作的转换、连接都要流畅、自然、合理，动作的路线、位置、位移都是通过上述两种技术完成的一种展示。

只有这两种技术的不断提高，才能充分体现健美操的特征。

第三节 竞技健美操的训练

随着健美操运动的开展和普及，健美操运动的技术水平在不断提高。健美操的训练已不再是一个短期的、简单的过程了，它必须形成一个全面的、系统的训练体系。健美操的训练是通过各种训练手段对运动员进行身体训练、技术训练，意识训练和心理训练，目的在于改善与提高运动员的身体机能能力和充分发挥所获得的技能并在竞赛中取得优异成绩。

一、 身体训练的内容与方法

健美操是综合性的、全面影响身体的运动项目，因此，应全面发展身体素质，才能适应项目发展的需要，提高运动技术水平。提高身体素质应注意一般身体素质和专项身体素质相结合。根据健美操的特点应重点发展以下素质：

力量素质

1. 成套动作中力量性动作的增加，特别是复合型力量动作，把力量在健美操中的作用提到了一个较高的位置。

2. 健美操需要全面的发展素质。

上肢力量：

应重点发展肩带肌、肱二、肱三头肌、胸大肌的力量。

腰腹力量：

应重点发展腹部和背部肌群的力量；

下肢力量：

以发展弹跳力量为主。

3. 发展力量素质应注意：力量训练以动力性练习为主，在保证动作技术的情况下，尽量快速完成动作，培养肌肉快速收缩、放松的能力，来适应健美操在快速运动中完成动作的特点。力量训练应与柔韧、放松练习相结合，以便提高肌肉的弹跳性和伸展性。

柔韧素质

1. 成套动作中，大幅度的踢腿和跳步能充分地体现运动员的柔韧性，良好的柔韧性是完成一些难度动作和高质动作的基础。

2. 应重点发展双肩、腰、腿及髋关节的柔韧性。肩部应重点发展肩的伸展性和灵活性。腿部应重点发展体前、体侧的伸展性及控制力。腿、胯部应重点提高大幅度快速踢腿的能力、腿的控制能力以及髋关节的灵活性。

3. 发展柔韧性的方法及注意事项：发展柔韧性有主动和被动两种方法。主动柔韧性练习更接近于实际需要，而被动柔韧性练习则能有效地提高柔韧性。发展柔韧性要与放松练习交替进行，主动和被动相结合，综合的进行训练。

协调性

协调性是身体素质中最不好练、最不容易提高的一项素质。但它却是健美操所必需的素质之一。协调性可通过各种舞蹈组合、徒手体操、健美操跑跳动作组合来提高。进行组合练习时应选择需要上下肢、躯干、头等多身体部位相互配合，具有一定复杂性的动作。协调性训练应经常变换舞蹈，徒手体操，健美操等组合的练习内容，动作编排应对称与不对称相结合，节奏快、慢、变节奏相结合，选择的动作注意不同的肌群同时参加运动。

耐力素质

发展一般耐力素质的常用方法有：中长跑、变速跑、规定时间的各种原地跳及跳绳等，还可将身体各部的力量练习编成一组，进行循环练习、动作练习。发展专项耐力的方法有：健美操跑跳动作组合。进行跑跳动作组合练习要达到一定的时间和量，半套、成套、超成套或多成套的成套练习。专项耐力训练可收到一举两得的效果。

二、 技术训练

健美操运动技术训练的主要内容有：形体训练、基本技术训练、舞蹈训练。

形体训练

形体训练是以塑造良好的形态，培养良好的气质为目的。芭蕾基本功的锻炼早已成为许多艺术性，表演性项目的基本功训练必不可少的训练手段，利用芭蕾基本功练习的方法和手段结合本专项的特点，能达到较好的训练效果，健美操形体训练主要内容有：把杆练习，单一舞蹈基本动作和组合动作练习。

1. 把杆练习。主要训练躯干、腿、脚的肌肉运动感觉。

2. 单一舞蹈基本动作和组合动作练习。主要训练身体各关节的灵活性，上、下肢身体配合的协调性及身体各部位肌肉运动感觉，达到塑造良好的形态、培养正确优美的姿态，从而改善人的气质的目的。

基本技术训练

1. 基本体操。基本体操训练以徒手体操为主。徒手体操内容丰富、动作简单，其特点是动作规范、横平竖直，可以培养运动员身体各部位正确的姿态、规范的动作，它所特有的动作对称性，可以使肌肉得到全面的发展。徒手体操按人体解剖和人体运动部位可分为头颈、上肢、下肢、躯干运动。这些运动可根据需要进行某个部位的专门练习，也可进行全身性的综合性练习。

2. 技巧运动。小技巧动作、支撑性及配合性动作。

3. 体操。随着健美操难度动作的提高和发展，出现了许多复合型的跳步、转体，这些动作对运动员的能力、空中肌肉运动感觉要求很高，体操中技巧及一些器械等项目中的某些动作训练，能收到较好的训练效果。

三、 竞技健美操常规知识

动作的特殊要求：

1. 艺术性。

成套动作艺术性的要求是：充满活力，有创造性，以健美操方式表现动作设计和流畅的过渡动作。成套动作必须显示身体双侧的力量和柔韧性而不重复同一动作。

2. 完成。

任何未按竞技健美操定义完成的动作都将被扣分。混双和三人（六人）成套中最多允许4次托举或支撑配合动作，包括开始和结束。

3. 难度。

至少每类难度动作各1个，最多难度动作为16个，难度分将是12个最高难度动作的总分。

全套动作内容

成套动作必须表现出健美操动作类型，风格和难度动作的均衡性。健美操动作的姿态要求是躯干直，呈一直线位置，臂腿动作有力、外形清晰。动作编排要合理利用全部空间、地面以及空中动作。

成套动作必须包括下列各类难度动作各1个：动力性力量、静力性力量、跳跃（爆发力）、踢腿、平衡、柔韧。

第八章 健美操的基本内容

基本动作是健美操练习和进行群众性健身锻炼的基础。通过基本动作练习，可以掌握正确的动作技术，加大动作幅度，培养良好的动作形态。基本动作练习是按人体生理解剖结构分部位进行的，是一项专门性的练习，练习者根据需要加以选择。健美操的基本动作根据人体结构特点而制定的，常见的有以下几种动作。

第一节 头颈动作

1. 头颈动作包括头颈的屈、转、平移、绕及绕环，其中头颈的屈和平移向前的、向后的、向左的、向右的；头颈的转绕及绕环只有向左及向右转绕及绕环，而且做各种头颈动作时，节奏一定要慢，上体一定要保持直立，身体不要跟着一起动。

头颈做屈的动作时，首先站立，两手叉腰。

其中前屈时低头，下颌对准胸部，恢复原状。

后屈时，抬头，头后部对准背部，

恢复原状。

左屈：头向左倾，耳部对准肩，恢复原状。

右屈：头向右倾，耳部对准肩，恢复原状。

2. 头颈做转的动作时，首先站立，两手叉腰。头向左转90度，恢复原状，头向右转90度，恢复原状。

3. 头颈做绕动作时，首先站立，两手叉腰。

向左绕头。头从一侧屈经前绕至另一侧屈，稍抬头。向右绕头，头从一侧屈经前绕至另一侧屈，稍抬头。

4. 头颈做绕环动作时，首先站立，两手叉腰。头向左绕环，头从一侧屈经前、侧后还原的360度绕环动作。向右绕环时，头从一侧屈经前、侧后还原的360度绕环动作。

第二节 肩部动作

肩部起着承上启下的作用，它与身体的姿势和形态密切相关。肩关节的柔韧性和灵活性直接影响动作的幅度和正确姿态。肩部动作分为单肩的、双肩的，包括提肩和沉肩、收肩和展肩、绕和绕环及振肩，要求做动作时，提肩和沉肩时两肩在同一平面上做上下运动。收肩和展肩时幅度要大、肩部要平，振肩时的动作要有速度、力量和足够的弹性。

1. 做提肩、沉肩运动时，首先要分腿站立，两臂自然下垂。

然后左肩上提，恢复原状，右肩上提，恢复原状。

搓着左肩、右肩依次提肩、沉肩。

最后两肩同时提肩、沉肩。

2. 做收肩、展肩运动时，首先要分腿站立，两手叉腰。

然后左肩收肩、展肩；右肩收肩、展肩。

接着，两肩依次收肩、展肩。

最后两肩同时收肩、展肩。

3. 做绕和绕环动作时，首先也要分腿站立，两臂自然下垂。

然后左肩以肩关节为轴向前或向后做 360 度之内的圆周动作；右肩以肩关节为轴向前或后做 360 度之内的圆周动作。

接着，左肩以肩关节为轴向前或向后做 360 度以上的圆周动作；右肩以肩关节为轴向前或后做 360 度以上的圆周动作。

4. 做振肩动作时，首先分腿站立，两手叉腰，然后两肩做内收、外展的弱性动作。

第三节 手的动作

健美操的手形有多种，大多是从瑜伽、芭蕾舞、拉丁舞、爵士舞、西班牙舞、迪斯科以及武术中吸收和发展的，随着音乐的节奏，使手臂动作的延伸和表现与音乐融为一体。运用得好，会使健美操动作更加丰富多彩、生动活泼，更具有感染力。

1. 五指并拢的手形：五指伸直，相互并拢，大拇指慢慢收回，指尖压在食指与中指之间。

2. 五指分开的手型：五指伸直充分张开，

3. 实心手型：四指卷握，大拇指末关节压住食指、中指。

4. 空心手型：四指卷屈，大拇指压住食指、中指，拳成空心状。

5. 一指手型：握拳，食指伸直。

6. 响指手型：利用大拇指与中指摩擦，中指碰到手掌打出响声。

7. 屈指手型：手掌用力翘，成立掌式，五指用力弯曲。

8. 芭蕾舞手型：五指微屈，后三指并拢、稍内收，拇指内扣。

9. 西班牙舞手型：五指用力，小指、无名指、中指自掌指关节处依次屈，拇指稍内扣。

第四节　臂 的 动 作

　　臂的动作包括直臂、屈臂、单臂、双臂的举，左、右双臂同时以及顺次的屈伸臂、回环双臂。同时，依次交叉的摆动，臂的绕及绕环振臂等。做臂的动作时要求以真做到位，举臂屈伸时，肩要下沉；做摆动臂及绕环时，肩拉开要用力。

　　1. 做臂回环动作时：双腿自然站立，双手握拳。然后伸直双臂，做大回环运动，直到感觉疲劳为止。

　　2. 做双臂交叉侧平举动作时：紧握双拳，做直臂体前迅速交叉动作，恢复原状重复至疲劳为止。

　　3. 做前平举动作时：要求，侧平拳动作也要求徒手。

第五节　胸及腰部动作

　　1. 胸部动作分为合胸、展胸、振胸、俯卧撑以及器械练习。

　　（1）做合胸、展胸以及振胸动作时，要求收腹、立腰。

　　（2）做卧俯撑时，要根据练习者的情况，由少到多循序渐进，以每分钟 10 ~ 20 次为宜。

　　做器械练习时，首先双手持哑铃自然站立，一手前平举与肩同高，另一手沿体侧下垂。然后两臂于体上下交替平举哑铃。

　　其次斜板卧推：仰卧于斜板，双手握哑铃置于体侧。然后两臂轮流举哑铃于头前上方。

　　2. 腰部动作分为屈、转、绕和绕环以及仰卧及仰卧起坐，做屈、转时上体要求直立，做绕和绕环时将速度适当放慢。

（1）仰卧起坐：每组 8～15 次，做 3 组。肥胖者最好屈腿做。

（2）仰卧，双腿伸直，双臂上举。然后迅速屈膝收腹，双手抱膝，慢速伸展还原。

（3）仰卧，双手抱头，分腿屈膝。收腹使上体抬起，坚持不动 3 分钟左右。

第六节 臀部动作

健美的臀部丰满圆翘、富有弹性，是体现女性形体美的重要部位。

1. 仰卧，两胯上部放一重物。然后臀部用力上抬，至最高点静止片刻，慢慢落下。

2. 跪撑举腿：双手撑地下跪，一条腿跪地，另一条腿先弯曲至胸前，然后快速并最大限度地向后上方展直。感到疲劳时，再换另一条腿。

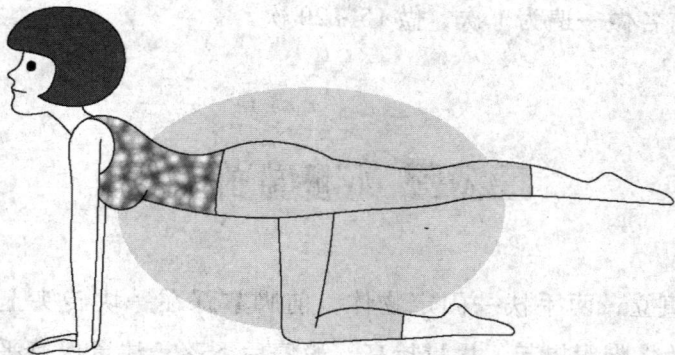

3. 仰卧，头偏向一侧，双腿合并伸直，然后双腿尽量上举，与上

体垂直，慢慢还原。这个动作也锻炼腰腹部。

4. 侧卧抬腿：直体侧卧，脚尖绷直，身体下面的手臂伸向头前，将头枕在上面，另一手臂屈肘于胸前撑地面。然后将上面的腿抬起，至最高点，慢慢还原。重复练习 15～20 次。转身换另一侧卧，抬另一条腿。腿抬起时不得弯曲。

第七节 大腿部的动作

1. 仰卧，双腿屈膝置于胸前。然后伸直上举，与上体垂直。慢慢还原。

2. 直立，一手扶支撑物，另一手撑腰。然后用力摆腿做侧上举动作。两腿交替进行。

3. 双手握椅背下蹲，然后站起、下蹲。

4. 直立，双手叉腰，然后两腿屈膝交替上抬至胸前。

5. 跪腿后踢：体前屈双手撑地，屈膝跪地，上体与地面平行，抬头目视前方。然后先将一腿伸直，向后上方踢抬，还原。换另一条腿。左右各做一遍为 1 次，做 15～20 次。

第八节 小腿部的动作

1. 直立，两手扶一固定物体，前脚掌踩在一块砖头上，脚跟悬空。然后将脚跟提起，尽量抬高，稍停后下落。注意保持平衡，不要左右摆动。

2. 背靠椅子坐下，大腿抬起。然后上举小腿，尽量展直，还原。

3. 站立，上体前倾，脚跟着地，脚尖朝上。用脚后跟向前走动。

第十二节 身体各部位肌肉的练习方法

身体各部位肌肉的练习方法分：胸部肌肉练习方法、肩部肌肉练习方法方法、背部肌肉练习、臂部肌肉练习方法、腰部肌肉练习方法、腹部肌肉练习方法、臀部肌肉练习方法。

胸部肌肉练习方法

卧推

初始姿势：平躺于卧推架条凳上，双脚着地，双手直臂持杠铃于胸上方。

动作过程：双臂慢慢弯曲，双肘外展，将杠铃放到胸大肌上部，随即收缩胸肌，将杠铃推起至双臂伸直。重复进行。

动作作用：此动作主要锻炼胸大肌、三角肌前束、三头肌等。

动作要点：在做动作过程中，始终保持挺胸的姿势，意念集中在胸大肌上，体会肌肉的收缩和放松过程，杠铃下放时速度要慢，不可猛下，以防砸伤胸部。

哑铃仰卧飞鸟

初始姿势：平躺在长凳上，双手直臂持哑铃于胸上方。

动作过程：双臂向身体两侧徐徐张开至最低点，保持 1～2 秒钟，收缩胸肌，将哑铃沿原路返回胸上方，重复进行。

动作作用：主要刺激胸大肌、三角肌前缘、二头肌等。

动作要点：做动作时，动作速度、起落都要均匀缓慢，不可猛起猛落，动作过程中保持挺胸姿势，不要含胸。

俯卧撑

初始姿势：双手直臂撑在俯卧撑架上（或地上）身体保持平宜，

双脚前脚掌地。

动作过程：双臂同时屈肘，使上体下降至最低处，略保持片刻，收缩胸大肌、三头肌等，将上体撑起至原位。重复。

动作作用：主要锻炼胸大肌、肱三头肌、三角肌前束、前锯肌、腹直肌等肌肉。

动作要点：做动作时，意念要放在胸大肌上，动作不要太快，保持挺胸姿势。

肩部肌肉练习方法

杠铃颈前推举

初始姿势：双脚并立，与肩同宽，双手持杠铃，翻上至颈前。

动作过程：双肩三角肌带动上臂上举至双臂伸直，杠铃至头上最高处，慢慢返回原位，重复进行。

动作作用：颈前推举主要锻炼三角肌前、中束以及胸大肌上缘和肱三头肌等。

动作要点：动作过程中，意念重点放在三角肌上，两肘的起始位置要尽量低。另外，上推杠铃时，不要借腿的蹬力。

立式飞鸟

初始姿势：两脚开立与肩同宽，双手各持一哑铃，微曲屈置于身体两侧。

动作过程：微曲臂将哑铃分别从体侧上举至头上，再沿原路返回原位，重复。

动作作用：主要刺激三角肌的中束和前束。侧上举时，手心朝下则对三角肌中束刺激更多些，若手心向上，则对前束刺激更强些。

动作要点：做动作时，双臂微曲，不要太弯，注意力集中在三角肌的收缩、放松过程，动作频率不要太快，尤其是不可借悠、摆的动作上举，然后猛地放下。动作应均匀、平缓。

双人徒手飞鸟（做动作者为甲，辅助者为乙）

初始姿势：两人面对面站立，间距约半步，甲的动作同上，乙的

056

双手握在甲的双腕处。

动作过程：甲的动作基本同上，乙的双臂用力阻止甲的运动，给甲造成一定的阻力。

动作作用：基本同上，不同之处主要是在动作起始时，要更用力些，对三角肌的刺激也更大些。

动作要点：乙的动作要配合甲，不要使甲的动作停止、过慢或过快。甲在动作的整个过程中都要用三角肌的力量来控制动作的速度，要均匀、平缓。

背部肌肉练习方法

单杠引体向上

初始姿势：双手握住高单杠，与肩同宽，身体自然下垂，两脚可交叉叠在一起。

动作过程：双臂及双臂用力，将身体向上拉引，至胸部下缘接触横杠，略保持片刻，然后慢慢返回原位。重复进行。

动作作用：主要刺激背阔肌，斜方肌中下部、大圆肌、小圆肌、肱二头肌及小臂屈肌群。

动作要点：做上拉引时，意念要尽量让肚脐靠近横杠（实际很难），动作的起、落都要均匀，而不要猛起、猛落。上至顶点时应停片刻，让肌肉完全收缩。

杠铃俯身划船

初始姿势：双脚开立，与肩同宽（可踩在10~20厘米高的垫木上），双腿微曲，上体前屈90度左右，腰部挺直，双手直臂将杠铃刚刚拉离地面。

动作过程：上体保持基本不动，双手将杠

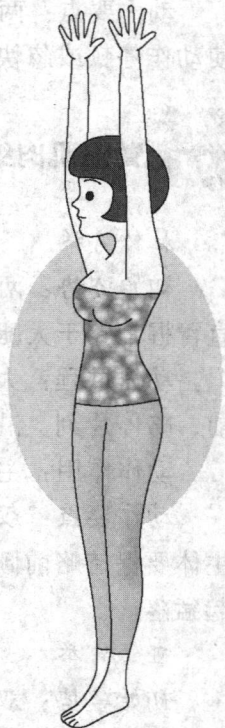

铃杆拉向肚脐，在最高处保持 1~2 秒再原路返回。

动作作用：主要锻炼背阔肌、斜方肌及、大小圆肌、冈下肌以及腰背部深层肌肉等，是一个综合训练动作。

动作要点：腰部一定要挺直，不可呈弧形弓起，动作过程中不可借悠劲猛拉猛放，否则很容易伤及腰部肌肉和韧带。

双人屈体划船

初始姿势：两人面对面站立相距 1.5 米左右，两人双手各握住毛巾（或大绳）的一端。

动作过程：甲方用力向后拉毛巾，乙方加以一定的阻力慢慢放毛巾，至甲方双手触胸，乙方再向回拉毛巾，甲方给以一定的阻力放毛巾，如此反复进行。

动作作用：两人均能锻炼背部肌群，象背阔肌、斜方肌及大、小圆肌等，对小臂屈肌群及肱二头肌也有一定的刺激作用。

动作要点：两人配合要协调，一拉一放使动作均匀有节奏，不要使动作停顿或忽快忽慢。

臂部肌肉练习方法

杠铃弯举

初始姿势：两脚开立，与肩同宽，双腿微屈，上体稍前倾，双手直臂握杠铃于大腿前。

动作过程：大臂保持不动，用力向前屈双小臂，将杠铃举至颈前，略停片刻，沿原路返回原位。

动作作用：主要锻炼肱肌、肱二头肌及小臂屈肌等。

动作要点：双手握杠不要过紧，意念放在二头肌上，动作过程中主体要保持略前倾，不要摆动或后仰，杠铃的起、落要均匀，不可猛起猛落。

哑铃弯举

初始姿势：双脚开立，与肩同宽，双膝微屈，上作稍前倾，双手各持一哑铃，两手心相对直臂置于身体两侧。

动作过程：双臂同时用力，屈双小臂向前，上举哑铃，上举同时两手外旋，使手心朝前朝上，屈臂至极点略保持一下，再原路返回原位。反复进行。

动作作用：主要刺激肱二头肌、肱肌、小臂屈肌群等，尤其对二头肌的中、下部刺激效果较大。

动作要点：动作过程中，上体保持不动，只是屈、伸小臂，身体保持微前倾，不可随哑铃起落而晃动身体。

杠铃臂屈伸

初始姿势：仰卧在长凳上，双手握杠铃直臂将杠铃置于胸上方，两臂略向头的方向倾斜。

动作过程：大臂不动，双小臂后屈，双手将杠铃从胸上方慢慢向头顶方向放下，直至杠铃接近头顶，再用力将杠铃原路举回原位。重复进行。

动作作用：这个动件可以有效地刺激肱三头肌。

动作要点：做动作时，两大臂应尽量不动，两肘尽量向里夹，不要外翻，两臂不要随杠铃的起落而前后摆动。动作速度要均匀，尤其是屈臂下行时，一是要慢，二是要将杠铃杠置于头顶前方，防止砸伤头部。

屈体哑铃臂屈伸

初始姿势：两脚开立，与肩同宽，上体前屈约90度，双手各持一只哑铃，两大臂与上体平行夹在身体两侧，两小臂自然下垂。

动作过程：两大臂保持不动，双臂三头肌用力收缩，使两小臂向后伸直，保持片刻，沿原路 返回原位。

动作作用：主要锻炼肱三头肌，对三角肌后束也有一定的刺激作用。

动作要点：两大臂在做动作时，始终保持与上体平行，不可随哑铃起落而上下摆动，动作速度均匀、缓慢，不要借助上体起伏及大臂悠摆的力量。

腰部肌肉练习方法

直腿硬拉

初始姿势：双脚开立，与肩同宽或稍窄，直腿体前屈，两手握住地面上的杠铃杆，握距稍宽于肩。

动作过程：双手紧握杠铃，腰背用力将其直臂拉起，至上体完全挺直，然后再沿原路慢慢返回，重复进行。

动作作用：此动作能使全身的大部分肌肉、肌腱、骨骼及关节等都受到较大的刺激，特别是突出锻炼腰背部肌肉及大腿股二头肌、臀大肌等。

动作要点：直腿硬拉要求不弯腿，腰部要挺直，不要弓腰。由于通常硬拉重量较大，所以切忌猛向上拉起，以防伤腰。

山羊挺身

初始姿势：俯卧在山羊挺身架或跳箱上，上体自然下垂，双脚固定在架上或由他人压住，双手抱头。

动作过程：收缩腰背肌肉，使上体内上弓起，至顶点略停片刻，再缓慢沿原路返回，重复。

动作作用：主要锻炼背长肌和背短肌，对臀大肌及大腿后群肌肉亦有较好的刺激作用。

动作要点：动作速度要均匀，不可猛起猛落，向上弓身时要尽量收紧腰背部肌肉，有力量时双手抱头，无力量时可双手背后放在腰上。

腹部肌肉练习方法

单杠悬吊举腿

初始姿势：双手握住高单杠，身体自然下垂。

动作过程：收缩腹部和大腿前侧肌肉，使双腿尽量上抬（可伸直或弯曲），然后慢慢返回原位，重复进行。

动作作用：主要锻炼腹直肌、前锯肌和大腿前侧肌肉。

动作要点：动作速度要均匀，不可猛起猛放，尤其是双腿放下时要控制速度，另外不要借身体的摆动向上悠腿。

仰卧起坐

初始姿势：端坐在仰卧起坐架上或坐在垫子上，双脚固定，双手放在头后。

动作近程：上体向后躺下，至上体与大腿成150度左右，随即返回原位，重复进行。

动作作用：可锻炼腹直肌、前锯肌、大腿前部肌肉等。

动作要点：上体后躺时不要太低，更不要让上体躺在平板或垫子上，否则会感到腰痛。

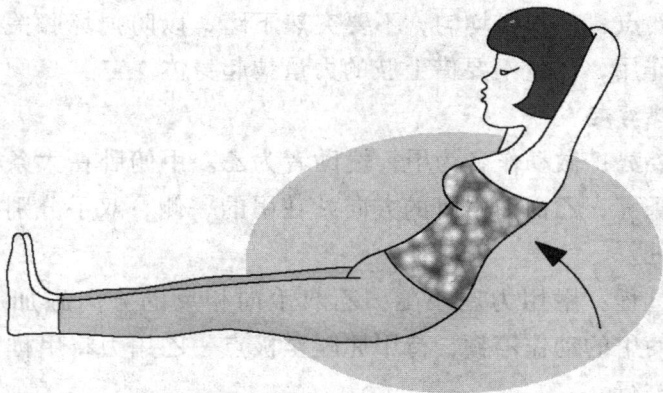

臀腿部肌肉练习方法

负重深蹲

初始姿势：将杠铃置于颈后肩上，双手握住杠铃杆，身体直立，双脚与肩同宽或略宽于肩。

动作过程：屈腿下蹲至最低位置，随即起立至全身挺直，重复进行。

动作作用：这个动作对股四头肌、臀大肌、腰背部肌肉等有非常强的刺激作用。

动作要点：颈后肩上扛起杠铃时要注意左右平衡，同时不要压在颈后颈突上，身体要保持挺胸、塌腰、翘臀的姿势，下蹲时不要过猛，以免伤及膝关节，起立时不可先起臀部再起上体，而要以头向上顶带动全身上起。

单腿蹲起

初始姿势：以左腿为例，左腿单足站立，右腿前伸，手可扶在某固定物上。

动作过程：站立腿慢慢屈下蹲至最低点，右腿保持前伸不着地，随即左腿用力伸直，还原到初始的动作，反复进行。

动作作用：此动作能较充分地刺激大腿股四头肌的前外侧以及臀大肌等。

动作要点：动作要均匀，不要突然下蹲，以防损坏膝关节。上肢只起平衡作用，尽量不要借上肢的力量拉起身体。

卧式腿弯起

初始姿势：做动作者为甲，输助者为乙。甲俯卧在大条凳上，双手抱紧长条凳，乙面向甲脚的方向站在甲的一侧，双手分别按在甲的左右脚跟处。

动作过程：甲用力屈小腿，乙双手向相反的方向施加一定的阻力，但不使甲的动作停顿，待甲屈腿至极点，乙用力将甲推回初始位置，反复进行。

动作作用：主要锻炼大腿后群的半膜肌、半腱肌、股二头肌和小腿腓肠肌等。

动作要点：甲、乙配合要协调，使动作速度均匀、流畅，不要猛起猛回，也不要使动作产生停滞。

负重提踵

初始姿势：身体直立，双手握住颈后肩上的杠铃，保持挺胸，双脚前脚掌踏在垫木边缘上，垫木高约10厘米，脚跟尽量落地。

动作过程：保持身体直立，重心略前移，用力提双脚跟至顶点，

保持 1~2 秒，再慢慢回到原位，重复进行。

动作作用：主要锻炼小腿比目鱼肌和祥肠肌等。

动作要点：做动作时要保持身体直立，稳定重心，起、落动作要缓慢，不宜太快。

单足提踵

初始姿势：手扶在某固定物上，左脚前脚掌踏在一垫木上，垫木高约 10 厘米，足跟落地，右小腿盘在左小腿后。

动作过程：左脚用力上提脚跟至顶点，略停片刻，再回到原位，反复进行。

动作作用：重点练习小腿后群的比目鱼肌和腓肠肌等。

动作要点：动作过程中保持身体直立，双手不要助力，动作速度均匀，不要猛起猛落。

第九章　简易健美操

第一节　美国流行的简易健美操

近年来美国各地流行一套只有六组动作的简易健美操。这种操简单而且容易学会，能活动全身，每天坚持做 1～2 遍，能使人精力充沛，去掉多余的脂肪，身体变得强壮结实。做操时若有节奏明快的轻音乐伴奏，效果会更好。具体做法如下：

深呼吸运动：直立，双脚稍分开，两手叉腰，挺胸、伸颈，做腹式深呼吸。

爬绳运动：站立，抬头上看，两臂上举，想象着爬绳。然后手脚配合做爬绳动作，同时有节奏地呼吸，右手上爬时吸气，左手上爬时呼气。

臂绕环运动：直立，并脚、抬头，两臂侧平举。做顺时针和逆时针的臂绕环运动，开始时绕小圈，然后动作逐渐加大。

半起坐运动：仰卧，屈膝，脚放松，手放在大腿上。吸气，低头，抬上体，两手顺大腿前滑，直摸到膝盖。呼气，

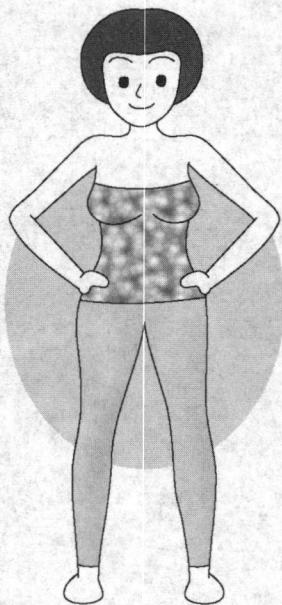

还原。

半俯卧撑运动：俯卧，抬小腿，两手撑地。以膝盖为支点，两臂用力，撑起上体。撑起时吸气，还原时呼气。

转体运动：端坐，腿并拢，两臂前平举。臂右摆，向右转体，吸气。还原，呼气。动作幅度尽可能大些。然后向左转体。

进行做操时动作的次数、幅度、速度可以根据体力的增强自行调整。

第二节 简易臀部健美操

爱美是妇女的天性，除了面孔美丽之外，身材的匀称美也同样不可忽视。由于女性在青春期，尤其是中年以后，腰、臀部及大腿既容易积聚脂肪，又容易日变松弛，再加上中国人一般身长腿短，就使得身材的曲线美大打折扣。下面介绍一组臀部健美操，做一套行之有效的美臀操，若能每日操练 1~2 遍，相信你很快就有收益。

1. 单腿下蹲：左腿直立，右腿直伸，两臂侧平举，左腿弯曲并尽量下蹲，然后再站直。此动作至少完成两组，每组 8 次。

2. 双膝跪地：前臂支撑于地面且交叉。将额头平放在手上，使背部与地面保持平行。抬起一脚用力上举，直到膝部与臀部为一条直线，且大腿与地面保持平行，然后换下该腿。换腿再做。

3. 下蹲：两腿分立，稍宽于肩。两脚外展，双臂相交平举下蹲，直到大腿与地面平行。站立及下蹲时尽量收臀。

4. 前跨步：单腿向前跨步。双膝弯曲，前跨大腿与地面平行，小腿直于地面。后腿弯曲角度大于 90 度。前腿收回，并拢站立时尽量收臀。换腿做。

5. 深蹲：两腿分开与肩同宽，将杠铃放于颈后部（应挑选举起时较舒服且可重复 6~8 次重量的杠铃）挺胸拔背，屈膝下蹲，至大腿与地面平行。

6. 登台阶：面对 10 ~ 20 米高的台阶。右腿登上台阶，左脚跟上，双腿站稳，然后退下右脚，左脚跟下。换腿做。

7. 仰卧抬臀：仰面平躺，双脚及肩部支撑于地面。提臀弯曲双膝，使小腿直于地面。双臂两侧平伸。收臀并上抬臀部，使膝部与肩成斜面。

8. 半蹲：双脚分立同肩宽，将杠铃放于颈后背部，背部挺直，屈膝下蹲，使大腿与小腿成 90 度。

9. 蹬腿：调整器械使腿部屈膝成 90 度。脚用力蹬踏脚踏板，然后缓慢收回至开始动作。

第三节 手部健美操

俗语说"手是人的第二张脸"，对于自己的双手习惯于听之自然，不注意加以保护，时间一长，手部皮肤便会粗糙干裂，皮色晦暗，同时指节僵硬、指甲参差不齐，这样的手，一伸出来，立即会给人一种不好的印象。即使您的容貌艳丽、服饰匀称，也掩饰不了这一点。

手部的保养可以分为三部分：一是皮肤的保养滋润；二是手掌、手指要灵活柔软；三是指甲的修饰。此外，怎样保持美的姿势以及配以适当饰物，亦是不可忽视的。

更重要的是要注意手部运动。一些很普通的动作，只要你有恒心去做，不但可使手部柔和、灵巧，而且增进血液循环，连同皮肤和指甲的色泽也都会转向红润。

这里介绍五种手部的健美运动。

一、 对手指按摩

最好利用看电视的时间来从事这种简单的指部运动。先从指尖开始按摩到手指底部，动作要坚定而柔和，就像戴手套差不多，在按摩

时，有条件的可以先涂上润手霜或蜜，以增加柔润。

二、 模仿弹钢琴动作

这项运动就是把双手平放在台面上，柔和地向下压，然后每次举起一个手指，尽量举高，这项运动也可以说就像弹钢琴一样，它能充分地伸展手掌和手指，这样能使你的手轻快敏捷。

三、 举手

这种简单的动作可以使你的手恢复白嫩，并减少青筋显露，只要展开五指，高举双手过头，每次数分钟就可以。

四、 握拳伸展

这是解除紧张的良好动作，并可以使手部柔软，先紧握拳头，然后展开，尽量伸展五指，每天用力做 3～5 分钟。

五、 放松手部

这是避免紧张、使手部无僵硬感的好方法。先把双手放在与肘弯持平的高度，然后放松手腕，让手有气力地垂下来。反复进行这种放松手部的动作。

总之，艳丽的容貌、美丽的衣服、匀称的双手，会给您的仪表增添光彩，希望您在保护皮肤时不要忘记保护您的双手。

第四节 腰部健美操

腰部是身体的中心，妇女的腹直肌比较松弛，肥胖后脂肪在腹壁堆积，显得腹部过大，影响腰部的匀称，与直接影响着体形的美丑有很大的关系。要想使腰部长得匀称，给人一种健美的感觉，可以进行以下腰部健美操锻炼。

1. 站在地上，两手叉腰，两腿分开，先自左向右扭转腰部，使身体转动，再自右向左转，使身体转动，左右各转 20 次。

2. 站在地上，两腿分开，腰部向前弯，先用右手摸左腿，再用左手摸右腿，各摸 10 次。

3. 站在地上，两手叉腰，先使腰部向前弯，再使腰部向后弯，然后再分别向左、向右弯，每个方向弯 5 次。

4. 仰卧床上，屈膝至胸前，两臂向左右张开。转动躯干向右，右膝盖碰地，两臂不动；转动躯干向左，左膝盖碰地，两臂不动。反复做 10 次。

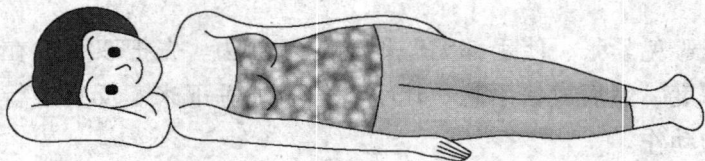

5. 仰卧床上，双掌托盆骨，支起下身及腰部，足尖挺直，背、头及两臂着地。左右脚交替向头部屈下，膝盖不得弯曲，连续做 15 次。

6. 坐在床上，用力鼓起肚，等肚腹鼓大以后，停 2 秒再用力回收肚腹，一直回收到最小，然后停 2 秒钟再鼓，这样反复 30 次。

7. 俯卧在床上，两臂屈曲在体侧，然后两臂用力撑起身体，抬

头向前看，5 秒钟后身体落下，连续做 10 次。

8. 立在地上，两腿分开，两臂伸直由前向上尽量抬高，头和胸也尽量向后仰，仰到不能再仰时，改为低头弯腰，两膝关节不要弯曲，两手尽量摸到脚尖，然后再抬臂、抬头、身体向后仰，如此反复练习 20 次。

第五节 只用 15 分钟的简易健美操

拥有一个窈窕身姿是每个女人都渴望的，天天喊着想减肥，但日积月累的劳顿让你没精力更没时间去什么健身房。现在有一套在美国颇为流行的简易健美操，只要在你最爱的床上花上 15 分钟，窈窕的身姿不再是你的梦想！

腰腹练习

1. 平躺在床上，双腿并拢，膝盖弯曲，但两只脚掌不能离地，双手置于脑后。

2. 利用腹部肌肉力量抬起上身，向左腿方向扭动。

3. 回到起始位置，上身贴向双腿。

4. 回到步骤 1，抬起上身，转向右腿方向。

5. 回到起始位置，按照左、中、右的顺序重复该套动作 25 次。

注意：如果手臂和脖子有疼痛感，说明你的动作有误。记住，一定要用腹肌带动身体。此外，当你躺下时，肩膀不要触地，否则就起不到锻炼腰腹的作用了。

肩背练习

1. 直立，双脚分开略宽于臀部，微微屈膝。双眼直视前方，后背挺直。双手握住一个两磅重的球或其他等重物放在臀部。

2. 右手持球，双臂伸直上举，在头顶处将球传入左手。

3. 双臂下降，回到臀部，重新开始上下传球动作。双臂动作看起来就像转动的风车。

4. 重复传球动作 20 次。动作要慢，不要靠冲力来运动。

注意：不要靠活动手腕来传球，手臂、后背、脖子都要挺直，这样就能自然而然地传球而不是滚球。

小腿练习

1. 贴着墙坐下，后背挺直，脚掌贴地。手持一根重 16 磅的健身棒放在大腿上，离膝盖约有 3 英寸。

2. 脚跟离地向上抬，同时双手用力下压健身棒。

3. 重复该套动作 25 次。

大腿练习

1. 直立，双脚分开与臀部同宽，右膝弯曲，上身下俯，十指指尖撑在地面上。左腿伸直，向后移动 12 英寸，左脚尖朝外。

2. 左腿尽力往上抬，在最高处停留 5 秒，然后放下左腿，换右腿做同样的动作。该组动作做 25 次。

注意：脚尖一定要尽量外翻，不要扭动臀部，这样才能最大限度消除大腿赘肉。

第六节 面部健美操

面部健美操实际上就是对皮肤进行按摩。其作用就是通过对皮肤的按摩使皮肤的血液循环得到了改善，促进皮肤的新陈代谢，使皮肤润泽、充满活力。面部按摩是现代美容法之一，它适合于任何年龄的人，但最好在 25 岁之后就开始。

面部按摩是运用双手各种方式的抚摩力量，按照一定的程序作用于皮肤表面。

面部按摩要注意下列几点：

1. 按摩的方向要与面部皱纹成直角。

按摩强调要顺着肌肉的走向，皱纹与肌肉走向成直角，按摩时与皱纹成直角就是顺着肌肉的走向。也就是说，若皱纹是横向的，就纵

向按摩；若皱纹是竖向的，就横向按摩。

2. 眼角、嘴角要予以特殊对待。

眼角、嘴角上的皱纹是以眼睛、嘴唇为中心，呈放射状的。这是因为眼睛和嘴唇是被括约肌的环状肌肉所包围。顺着肌肉的方向，从两侧按摩括约肌即可。眼角最易出现皱纹，按摩时一定要特别小心，千万不要用力。

3. 要朝一个方向按摩。

因为面部肌肉是朝一个方向生长的，所以按摩也要朝一个方向。另外，面部肌肉是从中心部分向外延伸的，按摩也要从里向外，若来来回回按摩，与肌肉的走向相反，反而会导致皱纹的出现。

4. 按摩的手法要轻。

按摩至皮肤微微发热或有红晕即可。

5. 皮肤有感染、痤疮时，不要进行按摩，以防感染扩散，得不偿失。

6. 按摩前要先洗净面部，也可以再涂上按摩霜，这样使面部滑润，按摩时省力。按摩完后可用热毛巾擦掉按摩霜，这样，在感到舒服的同时，还能增强按摩的效果。

7. 可以自己按摩也可以请他人进行，但按摩前需将手洗干净。

第七节 产后健美操

一、 收紧腹肌运动

1. 直立，屈膝，弯腰，躯干与地面平行，双手扶膝，脸朝前。

2. 吸气，呼气，同时收紧腹肌。屏住呼吸，收紧腹肌，直到需要呼吸时止。重复 3 次为 1 组，做 3~5 组。

二、蹬车运动

1. 仰卧，双手放在臀下，头、肩稍离地。

2. 收紧腹肌，双腿轮流用力向下做蹬自行车状，重复 12 次为 1 组，做 3 ~ 5 组。

三、并腿挺伸运动

1. 仰卧，双手置臀下，头、肩稍离地。

2. 双腿并拢，屈膝，小腿离地，稍停，然后双腿在不接触地面情况下用力向下挺伸，尽量伸直，重复 12 次为 1 组，做 3 ~ 5 组。

四、躯干扭转运动

1. 仰卧，双手抱头，左脚伸直，稍离地面，右腿屈膝，向上提起，左肘触右膝，头转向右侧。

2. 收缩腹肌，左腿屈膝，向上提起，与右腿并拢，然后右腿伸直，左腿仍保持屈膝姿势，扭转身体，向相反方向重复以上动作，重复 12 次为 1 组，做 2 ~ 3 组。

五、 交替踢腿运动

1. 仰卧，双手置臀下，双腿向上抬起，脚掌指向屋顶，膝微屈，小腿交错。

2. 收紧腹肌，缓慢放下两腿，保持背部平直，然后轻轻地交替上下踢腿，头和肩膀抬离地面，眼视腹部，上述动作进行 5 分钟为 1 组，做 1~2 组。

六、 下颏抬起运动

1. 仰卧，双手抱头，背部紧贴地面，膝稍屈，脚跟着地。

2. 收紧腹肌，尽量将下额抵注胸部，然后抬起，再抵住胸部，再抬起，重复 20 次为 1 组，做 1~2 组。

七、 下额侧抬运动

1. 仰卧，双手抱头，头、肩略微抬起，双脚并拢屈膝，扭向右侧。

2. 面朝屋顶，下额抵住胸部，收紧腹肌，然后抬起，再抵住胸部，再抬起，身体扭向左侧，重复以上动作，双侧各做 20 次为 1 组，做 1~2 组。

八、 举腿抬下额运动

1. 仰卧，两腿并拢抬起，双脚指向屋顶，头部稍离地面。

2. 举腿的同时抬下额，收紧腹肌，下额抵住胸部，头部还原，然后再抬起，再抵住胸部，动作进行时宜屏住呼吸，重复 20 次为 1 组，做 1~2 组。

第八节 垫上健美操

一、 体前屈运动 （8×8拍）

预备姿势：坐姿，两腿弯曲，脚底并拢，两臂下垂。

第一个8拍：

1~4拍，两手扶膝向下压4次。5~6拍，两腿并拢，同时两手扶腿。7~8拍，两腿向前伸直，同时两手体后侧撑地。

第二个8拍：

1~2拍，左脚勾脚尖，右脚绷脚尖。3~4拍同1~2拍，但动作相反。5~8拍同1~4拍。

第三个8拍同第二个8拍，但节奏快一倍。

第四个8拍：

1拍，两脚尖绷直，上体前屈，同时两手握拳屈肘向后摆动。2拍，抬上体，两臂前平举，掌心向上。3~4拍，上体左转，同时左臂经上向后绕环一周，右臂不变，眼看左臂。5~8拍同1~4拍，但动作相反。

第五、六个8拍同第四个8拍。

第七个8拍：

1~2拍，两脚勾脚尖，上体尽量前屈，胸贴于腿上，同时两臂前伸，两手扶脚底。3~4拍同1~2拍。5~8拍同1~4拍。

第八个8拍同第七个8拍。

二、 小踢腿运动 （8×8拍）

预备姿势：并腿坐，两手体后侧撑地。

第一个 8 拍：

1 拍，屈左腿，脚尖点地。2 拍，屈右腿脚尖点地。3 拍，左腿向上踢直。4 拍，右腿向上踢直。5 拍，屈左腿，脚尖点地。6 拍，屈右腿，脚尖点地。7 拍，左腿向前伸直。8 拍，右腿向前伸直。

第二、三、四个 8 拍同第一个 8 拍。

第五个 8 拍：

1 拍，屈左腿，脚尖点地。2 拍，左腿向上踢直。3 拍同 1 拍。4 拍，还原。5 ~ 8 拍同 1 ~ 4 拍，但动作相反。

第六个 8 拍同第五个 8 拍。

第七个 8 拍：

1 拍，两腿屈，脚尖点地。2 拍，两腿向上踢直。3 拍同 1 拍。4 拍，还原。5 ~ 8 拍同 1 ~ 4 拍。

第八个 8 拍同第七个 8 拍。

三、 屈伸腿运动 （4 × 8 拍）

预备姿势：并腿坐，两手体后侧撑地。

第一个 8 拍：

1 拍，两腿伸直向上举。2 拍，两腿屈膝脚尖点地。3 拍，左腿伸直向上举。4 拍同 2 拍。5 拍同 1 拍。6 拍同 2 拍。7 拍，右腿伸直向上举。8 拍同 2 拍。

第二个 8 拍同第一个 8 拍。

第三个 8 拍：

1 拍，左手扶膝，右臂经侧向后举，眼看右手。2 拍，两手扶膝。3 拍，左臂经侧向后举，眼看左手。4 拍同 2 拍。5 拍，左腿向前伸直，同时右臂经侧向后举，眼看右手。6 拍同 2 拍。7 拍，右腿向前伸直，同时左臂经侧向后举，眼看左手。8 拍同 2 拍。

第四个 8 拍同第三个 8 拍。

四、 交叉腿运动 （8×8拍）

预备姿势：并腿坐，两手体后侧撑地。

第一个8拍：

1~2拍，两腿屈膝，脚尖点地。3~4拍，两腿伸直上举。5~8拍，两腿左右交叉摆动3次。

第二个8拍：

1~2拍，两腿屈膝，脚尖点地。3~4拍，两腿伸直前举。5~8拍，两腿左右交叉摆动3次。

第三、四个8拍同第一、二个8拍。

第五个8拍：

1~5拍，两腿依次上下摆动并逐渐上举。6拍，两腿并拢上举。7拍，两腿屈膝，脚尖点地。8拍，还原。

第六、七、八个8拍同第五个8拍。

五、 仰撑运动 （10×8拍）

预备姿势：并腿坐，两手体后侧撑地。

第一个8拍：

1~4拍，两臂向前伸，上体尽量前屈，下压两次。5~8拍，两手体后撑地，同时髋部向上挺，成仰撑姿势。

第二个8拍同第一个8拍。

第三个8拍：

1~2拍，上体前屈，同时左臂向前伸，右臂向后上方伸。3~4拍同1~2拍，但动作相反。5拍，屈左腿，

脚尖点地，两手体后侧撑地。6拍，髋部向上挺，成仰撑。7拍同5拍。8拍，还原。

第四、五、六个8拍同第三个8拍。

第七个8拍：

1~4拍，分腿坐，上体前倾，同时两臂从右到左绕至左手体后侧撑地，右臂侧上举。5~8拍，髋部向上挺，成分腿支撑。

第八个8拍同第七个8拍，但动作方向相反。

第九、十个8拍同第七、八个8拍。

六、 大踢腿运动 （12×8拍）

预备姿势：并腿坐，两肘体后撑地。

第一个8拍：

1拍，左腿屈膝上举。2拍，左腿向前伸直。3拍，左腿伸直向上踢腿。4拍，还原。5~8拍同1~4拍，但动作相反。

第二个8拍同第一个8拍。

第三个8拍：

1拍，右侧卧，右臂前臂撑地，左手在体前撑地，同时左腿屈膝前举至胸前，右腿伸直于地面。2拍，左腿并于右腿。3拍，左腿向侧摆至45度。4拍同2拍。5~6拍同1~2拍。7拍，左腿向侧大踢腿。8拍同2拍。

第四、五、六个8拍同第三个8拍。

第七、八个8拍同第一、二个8拍。

第九、十、十一、十二个8拍同第三、四、五、六个8拍，但动作方向相反。

七、 依次屈伸运动 （8×8拍）

预备姿势：仰卧。

第一个8拍：

1拍，屈左腿，脚尖点地。2拍，屈右腿，脚尖点地，两腿并拢。3拍，左腿伸直前举。4拍，右腿伸直前举，两腿并拢。5拍，两腿屈膝，脚尖点地。6拍，两腿伸直前举。7～8拍同5～6拍。

第二个8拍：

1～4拍，两腿直膝左右交叉3次。5拍，屈左腿，脚尖点地，右腿伸直前举。6拍，屈右腿，脚尖点地，两腿并拢。7拍，左腿向下伸直。8拍，还原。

第三、四个8拍同第一、二个8拍。

第五、六、七、八个8拍同第一、二、三、四个8拍。

八、仰卧、收腹、举腿运动（8×8拍）

预备姿势：仰卧。

第一个8拍：

1～2拍，两手扶后脑，肘关节外展，起上体45度。3～4拍，还原。5～8拍同1～4拍。

第二个8拍同第一个8拍。

第三个8拍：

1～2拍，两腿向上举90度，同时两臂置于体侧。3～4拍，还原。5～8拍同1～4拍。

第四个8拍同第三个8拍。

第五个8拍：

1～2拍，两腿屈膝脚尖点地，同时起上体两臂向前伸。3～4拍，还原。5～8拍同1～4拍。

第六个8拍同第五个8拍。

第七个8拍：

1～2拍，抬上体和并腿上举，同时两臂前上举，手指触脚背。3～4拍，还原。5～8拍同1～4拍。

第八个8拍同第七个8拍。

九、 仰卧、 收腹、 举单腿运动 （8×8拍）

预备姿势：仰卧。

第一个8拍：

1拍，屈左腿，脚尖点地，同时两臂上举。2拍，抬上体和右腿上举，同时两臂前上举，手指触右脚背。3拍同1拍。4拍，还原。5~8拍同1~4拍，但动作相反。

第二、三、四个8拍同第一个8拍。

第五个8拍：

1拍，两腿屈膝，脚尖点地，同时抬上体，两臂前举。2拍，左腿伸直向上举，同时两手在左腿下击掌一次。3拍同1拍。4拍，还原。5~8拍同1~4拍，但动作相反。

第六、七、八个8拍同第五个8拍。

十、 仰卧前摆腿、 伸腿运动 （4×8拍）

预备姿势：仰卧。

第一个8拍：

1~2拍，左腿伸直向上摆动，还原。3~4拍，右腿伸直向上摆动，还原。5~8拍同1~4拍。

第二个8拍同第一个8拍。

第三个8拍：

1~4拍，两手扶腰，肘支撑，筋部上抬，同时两腿向头顶方向尽量伸直。5~8拍，两腿抬起向前伸直成肩时倒立。

第四个8拍同第三个8拍。

十一、 仰卧侧摆腿、 绕腿运动 （8×8拍）

预备姿势：仰卧，两腿并拢、伸直、前举，两臂侧平举置于地面。

第一个8拍：

1拍，左腿向左侧摆。2拍，还原。3拍，右腿向右侧摆。4拍，还原。5拍，两腿向两侧摆。6拍，还原。7拍，两腿屈膝，脚尖点地。8拍，还原。

第二、三、四个8拍同第一个8拍。

第五个8拍：

1～8拍，两腿伸直并拢由左向右水平绕360度。

第六个8拍同第五个8拍。

第七、八个8拍同第五、六个8拍，但动作方向相反。

十二、 后背肌运动 （8×8拍）

预备姿势：俯卧，前臂撑地。

第一个8拍：

1～2拍，左腿伸直向后摆，还原。3～4拍、5～6拍、7～8拍同1～2拍。

第二个8拍同第一个8拍，但动作相反。

第三个8拍：

1～2拍，抬上体，同时两臂向后上举。3～4拍，俯卧，两臂上举。5～8拍同1～4拍。

第四个8拍同第三个8拍。

第五个8拍：

1～2拍，抬上体，两臂侧后举，同时两腿并拢伸直后摆，俯卧。3～4拍、5～6拍、7～8拍同1～2拍。

第六、七、八个8拍同第五个8拍。

十三、 后屈腿运动 （4×8拍）

预备姿势：俯卧，两臂上举。

第一个 8 拍：

1～2 拍，抬上体，同时两臂尽量向后上方摆动。3～4 拍，上体下压，两臂上举与地面平行，同时两腿伸直尽量向后上方摆动。5～8拍，上体稍抬，前臂撑地，同时两腿依次向后上方屈腿摆动。

第二、三、四个 8 拍同第一个 8 拍。

十四、 俯卧撑运动 （4×8 拍）

预备姿势：并腿直立。

第一个 8 拍：

1 拍，蹲撑。2 拍，俯撑。3 拍，左腿向后摆动。4 拍同 2 拍。5拍，右腿向后摆动。6 拍同 2 拍。7 拍同 1 拍。8 拍，还原。

第二、三、四个 8 拍同第一个 8 拍。

十五、 跪姿胸、 腰运动 （8×8 拍）

预备姿势：跪立。

第一个 8 拍：

1～2 拍，跪立，两臂由后经前向上摆动至上举成跪立姿势。3～4 拍，抬头挺胸，上体尽量向后屈，同时两臂侧举。5～8 拍同 1～4 拍。

第二、三、四个 8 拍同第一个 8 拍。

第五个 8 拍：

1～2 拍，跪坐，两臂由后经前向上摆动至上举成跪立姿势。3～4 拍，跪立，两臂经前向下摆动成左手体后撑地，右臂前上举，手心向下。5～8 拍同 1～4 拍，但动作相反。

第六、七、八个 8 拍同第五个 8 拍。

十六、 跪撑摆腿运动 （8×8拍）

预备姿势：跪右腿，右腿向后伸直，脚尖点地。

第一个8拍：

1拍，左腿向后上方用力摆动。2拍，还原。3~4拍、5~6拍、7~8拍同1~2拍。

第二个8拍同第一个8拍，但动作相反。

第三、四个8拍同第一、二个8拍。

第五个8拍：

1拍，左腿向左侧方伸直，用力向侧上方摆动。2拍，左腿下落，脚尖侧点地。3~4拍、5~6拍、7~8拍同1~2拍。

第六个8拍同第五个8拍，但动作方向相反。

第七、八个8拍同第五、六个8拍。

十七、 跪姿肩、 胸运动 （4×8拍）

预备姿势：并腿跪立。

第一个8拍：

1~2拍，上体前屈，两臂上举，臂、肩、胸尽量下压触地；3~4拍、5~6拍、7~8拍同1~2拍。

第二个8拍同第一个8拍。

第三个8拍：

1~2拍，跪坐，两臂由后经前向上摆动至上举成跪立姿势。3~4拍，左腿向左侧方伸直，脚尖点地，同时上体稍向左侧屈，两臂向两侧做波浪一次，眼看左下方。5~8拍同1~4拍，但动作方向相反。

第四个八拍同第三个8拍。

十八、跪姿全身运动 （6×8 拍）

预备姿势：跪立。

第一个 8 拍：

1～4 拍，跪坐，两臂由后经前向上摆动至上举成跪立姿势。5～8 拍，左腿前屈膝，脚尖点地，同时右臂前上举，左臂后下举，手心向上。

第二个 8 拍：

1～4 拍，右腿单膝跪坐，左腿向前伸直，同时两臂上举。5～8 拍，上体前屈，同时两臂经前向下至后上方举。

第三个 8 拍：

1～4 拍，左脚尖经侧向后绕至脚尖后点地，同时左臂经前向左侧方后绕至后上举，右手体侧支撑。5～8 拍，右腿单膝跪撑，上体后屈，眼看左臂。

第十章 跳跃组合操

预备姿势：两脚并拢，两手叉腰。

第一节 小跳（8×8拍）

1×8拍~4×8拍：双手叉腰，先向左侧开始的小跳。

5×8拍~8×8拍：脚步保持小跳，向左侧小跳时，双手握拳，拳心向下，同时向左侧摆动，向右侧小跳时，双臂再向右侧摆动。

第二节 交叉步弹动组合（8×8拍）

1×8拍：1~4拍双臂自然摆动向左侧的交叉步，5~8拍第五拍双手胸前击掌接双臂同时前后摆，双脚原地弹动。

2×8拍：动作同1×8拍，唯方向相反。

3×8拍~4×8拍：同1×8拍~2×8拍。

5×8拍：1~4拍双臂自然摆动向左侧的交叉步，5~8第五拍双手胸前击掌接双臂肩侧屈，由右侧向左侧转身跳一周。

6×8拍：动作同5×8拍，唯方向相反。

7×8拍~8×8拍：同5×8拍~6×8拍。

第三节 侧摆腿组合（12×8拍）

1×8拍：1拍、2拍左腿侧摆，右臂经左侧，向上，向下绕环一周，3拍、4拍同1拍、2拍，唯方向相反；5～8拍同1～4拍。

2×8拍～4×8拍同1×8拍。

5×8拍：腿动作同前，1拍、2拍时，双臂前平举，掌心向下；3拍、4拍双臂侧平举，掌心向下；5拍、6拍时，双臂肩侧屈，拳心向两肩；7拍、8拍双臂收于体侧。

6×8拍～8×8拍：动作同5×8拍。

9×8拍：1拍，左腿向左侧摆动，右脚支撑，双臂胸前平屈向左侧摆动，掌心向下；2拍，动作同1拍，唯方向相反；3～8拍同1拍、2拍；

10×8拍同9×8拍。

11×8拍：1拍，左腿向左侧摆动，双臂前平举，掌心向下；2拍，双手收于腰间，拳心向上，向右侧摆右腿；3拍，左腿向左侧摆动，双臂上举，掌心向前；4拍同2拍；5～8拍同1～4拍。

12×8拍同11×8拍。

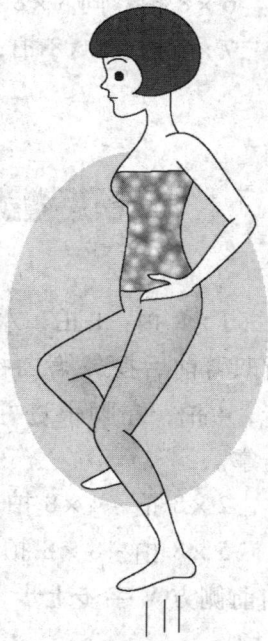

第四节 后踢腿跑组合（8×8拍）

1×8拍：1拍、2拍，双手叉腰，右脚向左前方上步，屈膝，身体稍左转，肩稍左转，3拍、4拍，左脚向右脚并步跳一次，5~8拍：向右转身后踢腿跑4拍。

2×8拍：同1×8拍，唯方向相反。

3×8拍~4×8拍同1×8拍~2×8拍。

5×8拍：脚步动作同1×8拍，1拍、2拍时，右手屈指掌，向左前方推掌，3拍、4拍脚并步时，双手向侧平举，并向外推掌，掌根用力，手指弯曲。5~8：加手臂摆动的向转身后踢腿跑。

6×8拍：同5×8拍，唯方向相反。

7×8拍~8×8拍；同5×8拍~6×8拍。

第五节 侧并步组合（8×8拍）

1×8拍：1拍，左脚向左侧出一小步，2拍，右脚跟进并步，同时双臂前后摆，第二拍双手在肩侧击掌；3拍，右脚向右侧出一小步，4拍，左脚跟进并步，同时双臂前后摆，第4拍时双手在肩侧击掌。

2×8拍~4×8拍：动作同1×8拍。

5×8拍~8×8拍：上肢动作同前。唯左右脚侧出一小步，变为向前侧方V字步上步、并步、击掌一个8拍，退步、并步、击掌一个8拍。

第六节 弹踢腿组合（12×8拍）

1×8拍：1拍，向左转身90度，向前弹踢左腿，双臂向前冲拳，拳心向下，拳眼相对；2拍，收左脚，收双手握拳于腰间；3拍、4拍动作同1拍、2拍，唯方向相反；5~8拍动作同1~4拍。

2×8拍：1拍，右转身90度，左脚向左侧弹踢，双臂握拳侧平举，拳心向下；2拍，收回左腿，双手握拳腹前交叉；3拍、4拍动作同1拍、2拍，唯方向相反；5~8拍动作同1~4拍；

3×8拍：1拍，向右转身90度，向前弹踢右腿，双臂向前冲拳，拳心向下，拳眼相对，2拍，收右脚，收双手握拳于腰间；3拍、4拍动作同1拍、2拍，唯方向相反；5~8拍动作同1~4拍；

4×8拍：1拍，左转身90度，右脚向右侧弹踢，双臂握拳侧平举，拳心向下；2拍，收回右腿，双手握拳腹前交叉；3拍、4拍动作同1拍、2拍，唯方向相反；5~8拍动作同1~4拍。

5×8拍~8×8拍同1×8拍~4×8拍。

9×8拍：1拍、2拍转身90度面向前，弹踢左腿，同时左臂侧上举，右臂收于体侧；3拍、4拍弹踢右腿，同时右臂也侧上举，5拍、6拍弹踢左腿，双臂收于胸前握拳交叉；7拍、8拍弹踢右腿，双臂收于体侧。

10×8拍~12×8拍动作同9×8拍。

第七节 连接组合 (8×8拍)

1×8拍：同第二节交叉步组合的5×8拍动作。

2×8拍同1×8拍。

3×8拍：同第三节侧摆腿组合的5×8拍动作。

4×8拍同3×8拍。

5×8拍：同第四节后踢腿跑组合的5×8拍动作。

6×8拍同5×8拍。

7×8拍：同第五节侧并步组合的5×8拍动作。

8×8拍同7×8拍。

第十一章　哑铃韵律健美操

第一节　伸展头前屈

1～8拍：1拍，左脚开立与肩同宽，两手持铃由上而下肩侧屈，头前屈。2拍，两手持铃斜上举，头向上，3拍，两手持铃由上而下侧平举，头向前。4拍，左脚还原成立正，同预备姿势。5～8拍同1～4拍，方向相反。2×8拍：1～2拍，左脚开立与肩同宽，两手持铃向下经体侧至上举相击，头向上仰。3拍，两手持铃由上而下，在腹前相击，正视前方。4拍，还原成立正姿势。5～8拍同1～4拍，方向相反。

第二节　滚动步小摆臂

1×8拍：1～2拍，右脚提踵，屈膝同时左手持铃前摆，右手持铃后摆。3～4拍，左脚提踵，屈膝同时右手持铃前摆，左手持铃后摆。5～6拍同1～2拍，7～8拍同3～4拍。

2×8拍同1×8拍。

第三节 左右臂旋转

1×8拍：1拍，左脚侧出一步，髋自然向左移动，左臂直臂左手持铃外旋，右臂直臂右手持铃内旋。2拍，收右脚与左脚并拢，手臂同1拍，方向相反。3拍同1拍。4拍，收右脚在左足弓处点地，屈膝，手臂同1拍。5~8拍同1~4拍，方向相反。2×8拍同1×8拍。

第四节 上臂屈伸

1×8拍：1~2拍，左脚侧出一步，髋自然向右移动，左腿屈膝点地，同时左臂屈肘手持铃侧举，右臂手持铃侧上举，头向右转。3~4拍，右脚侧出一步，髋自然向右移动，左腿膝点地，同时右臂屈肘手持铃侧举，左臂手持铃斜上举，头向左转。5~6拍同1~2拍，7~8拍同3~4拍。

2×8拍同1×8拍。

第五节 臂摆动与绕环

1×8拍：1~2拍，两腿并拢，两手持铃前摆至前45度，两膝弹动一次。3~4拍，方向相反。5~6拍，两臂经体侧向前，向上，向后绕环一周，两膝弹动一次。7~8拍同5~6拍，方向相反。

2×8拍同1×8拍，方向相反。

3×8拍：1~2拍，两手持铃，左侧摆动，两膝弹动一次。3~4拍同1~2拍，方向相反。5~8拍，两手持铃经体侧向左、向上、向右、向下绕环一周，两膝弹动一次。

4×8拍同3×8拍，方向相反。

第六节　弓步臂侧举

1×8拍：1~2拍，左腿在右腿前交叉半蹲，两手持铃体前交叉。3~4拍，左腿成左弓步，右脚侧点地，两手持铃侧举。5~6拍同1~2拍方向相反。7~8拍同3~4拍，方向相反。

2×8拍同1×8拍。

第七节　展胸含胸

1×8拍：1~2拍，两脚并拢，两腿半蹲，含胸，两手持铃胸前相击。3~4拍，两腿伸直，两手持铃侧举后，同时挺胸。5~6拍同1~2拍，7~8拍同3~4拍。

2×8拍同1×8拍。

第八节　髋侧顶

1×8拍：1拍，左脚侧出稍屈膝，向右顶髋，同时两手持铃，经

腰侧前伸至前举。2拍，右脚向左脚并拢，同时手持铃成腰侧屈。3～4拍同1～2拍。5拍，左脚侧出稍屈膝，同时两手持铃侧伸至侧举。6拍，右脚向左脚并拢，同时两手持铃成腰侧屈，同2拍。7拍同5拍。8拍同6拍。

2×8拍同1×8拍，方向相反。

第九节 体前屈

1×8拍：1～2拍，左脚侧出一步，两脚开立，同时两手持铃向内绕至侧上举。3～4拍，体前屈，两手持铃后伸。5～6拍，屈左腿，成侧弓步，同时右手持铃屈肘，碰左膝，左手持铃侧后举。7～8拍，屈右腿，成侧弓步，同时，左手持铃屈肘，碰右膝，右手持铃侧后举。

2×8拍同1×8拍，方向相反。

第十节 前侧踢腿

1×8拍：1拍，左腿屈膝提踵，向右顶髋，同时右手持铃屈肘前摆，左手持铃后侧摆，目视右手。2拍，还原立正。3拍，左腿前踢，右手持铃前举，左臂手持铃侧后举。4拍，还原成立正。5～8拍同1～4拍，方向相反。2×8拍：1～2拍同1×8拍的1～2拍。3拍，左腿侧踢，两手持铃侧举。4拍，还原成立正姿势。5～6拍同1×8拍的1～2拍。7拍，右腿侧踢，两手持铃侧举。8拍，还原立正姿势。

3×8拍同1×8拍。

4×8拍同2×8拍。

第十一节 跳跃练习

1×8拍：1拍，两腿直立，两手持铃成腰侧屈，双足跳起，向左转体90度成左弓，同时两手持铃前举。2拍，向右跳转90度成站立姿势。3拍，两腿直立，两手持铃前屈，双足跳起，向右转体90度成右弓步，同时两手持铃前屈。4拍，向左跳转90度成站立姿势。5~8拍同1~4拍。

2×8拍同1×8拍。哑铃健美操基本姿态

哑铃健美操的基本姿态是：双脚分开与肩同宽，双脚用力站立。练习体操时要保持不动。背部挺直，腹部和腰部用力。膝盖放松，微微弯曲。体操进行时不要停止动作，持续缓缓移动哑铃。

下面再介绍一套一周减6斤的哑铃减肥瘦身操：

1. 弓步上臂屈伸。

（1）双手握哑铃，掌心向内。左脚向前迈出，并向下压呈弓步，左大腿与地面平行。在下压的同时翻转左手手掌，使掌心向上，同时将左手抬起，直至与肩同高。

（2）两腿伸直，身体抬起（不要向后迈步）。同时，左手放下，右手抬起与肩同高。两手各重复12次，然后换腿。每条腿重复2次。

锻炼部位：肱二头肌、臀部、肱四头肌。

2. 直立挺举。

两脚分开与肩同宽，膝盖微微弯曲。双手握哑铃，垂于腿前，掌心向内。将哑铃提起，与胸同高，上臂与地面平行。然后放下至初始位置。

每组做 10 次，共 2 组。

锻炼部位：肩膀

3．背部提拉。

（1）两脚分开，与胯部同宽，膝盖微微弯曲。双手握哑铃，垂于身体两侧，掌心向内。身体从胯部开始前倾 45 度，保持背部挺直，手臂垂向地面。

（2）肘部微微弯曲，将哑铃从侧面提起，直至感到肩胛骨中间有积压感。还原至初始位置。

每组做 10 次，共 2 组。

锻炼部位：上背部，肩膀。

4．负重屈腹。

仰卧，右脚放在地面，左脚踝放在右膝上。双手握哑铃，掌心向上，双手靠近肩膀，肘部指向身体两侧。上身抬起，双肩离地，将右膝拉向胸部。放下至初始位置。重复。

注意：肩膀放松，不要低下巴和仰头。

两腿各做 10 次，共 2 组。

第十二章 拉丁健身操

第一节 基本状况

一、概念

拉丁健身操是国标中的拉丁舞和有氧操的嫁接。国际标准拉丁舞的内容包括伦巴、恰恰、牛仔舞、桑巴、斗牛舞。

拉丁健身操将拉丁舞中一些颇具特点且有益健康的舞蹈动作吸收过来，和时下流行的有氧运动结合，伴着高昂的、欢快的拉丁音乐，跳动的欲望会立刻被唤起，情不自禁地伴随着音乐扭动起来。拉丁健身操要求百分之百的情绪投入，越是淋漓尽致地把拉丁的感觉发挥出来，就越能在音乐中释放情绪、缓解压力，所以，这是一种产生快乐、不会疲倦的有氧健身操。

二、动作

1. 热情奔放。拉丁操对动作的细节要求不高，不强调基本步伐，而强调能量消耗，追求身体线条，注重对髋、腰、胸、肩部关节的活

动，更确切地说，它是健身操的一种，抖肩、扭胯、旋转，最大的特点是在运动中洋溢着拉丁舞蹈特有的欢乐与激情，在热烈奔放的拉丁音乐中让心情舞起来，让人们在舞蹈动作中燃烧脂肪，这种热情奔放、自由随意的健身方式就成了一种享受。因此，拉丁健身操在少儿、青年一族中的风行也就不足为奇了。

2. 舞蹈元素。激情拉丁自由随意，热情奔放，节奏明显。它的锻炼侧重点在于腰和髋部，同时使大腿内侧得到充分锻炼。拉丁健身操的另一个特点是在热烈奔放的拉丁音乐中感受南美风情，同时在健身操中增加舞蹈元素，在锻炼之外更可自我享受。

3. 情绪投入。拉丁健身操融入了许多不同舞蹈种类的动作元素在其中，演绎出个性、热情与奔放，感受更多的健康与乐趣。拉丁健身操要求百分之百的情绪投入，越是淋漓尽致地把拉丁的感觉发挥出来，就越能在音乐中释放情绪。

第二节 伦巴基本技术

一、 足着点

伦巴的足着点是"脚掌、全脚平伏"。它总共有 6 步：

第一步：左足前进，脚尖转向外。

第二步：右足在原地，重心移到右足。

第三步：左足向侧并稍后。

第四步：右足后退。

第五步：左足在原地，重心移到左足。

第六步：右足向侧并稍前。

以上是男士舞步，它的第一、二、三步是女士的第四、五、六步，而它的第四、五、六步是女士的第一、二、三步。

二、 脚移动

关于脚的移动还牵涉膝盖和臀部的动作，当左脚移动向前时膝盖是松弛的，当重心上到左脚时膝盖是直的，而此时臀部则柔顺地移向左，然后右膝稍微松弛；当重心移回右脚时，右膝是直的而臀部则柔顺地移向右，此时左膝稍松弛；当重心向侧移到左脚时，左膝是直的，左臀柔顺地移向左，右膝稍松弛。

另外当脚移动向前时，是先脚背抬高以脚尖加一些挤压入地板，然后丢到脚掌同样保持挤压入地板，当全脚板着地前脚跟就已放低了；当后退步时，先是用移动脚的脚掌然后脚尖，当重心完全移转时脚跟就放低了，而此时非重心脚的脚跟容许自然的离开地板。

三、 闭式握持

提到闭式握持，在伦巴、恰恰、森巴中闭式握持是一样的，舞伴间分开约 0.15 米宽，女士稍在男士的右侧，男士右手放在女士背后盖住女士左肩胛骨的下方，右手臂形成柔顺的弯度，手肘大约到胸部的高度；女士的左手臂轻轻地放置于男士右手臂上，顺着它的弯度，同时女士的左手轻轻地休息在男士的右肩上。

男士的左臂保持柔顺弯度，大概和右手臂相对称，但是左前臂必须高举。左手和手腕成垂直状，大约和鼻子齐高。女士的右手被男士轻轻地握在左手里。男士的左手和女士的右手须保持在两个身体的中央。

第三节 恰恰基本技术

一、 风格特点

恰恰舞的动律和伦巴基本相同，由于伴奏舞曲及舞步速度轻快，因而具有活泼、热烈而俏皮的风格特点。

二、 步法音乐

它的步法音乐每小节 4 拍走 5 步：慢、慢、快、快。慢步一拍 1 步，快步一拍 2 步，臀部摆动和伦巴很相似。跳每个舞步都应该在前脚掌施加压力，膝盖部分稍屈，当重心落到某只脚上时，脚跟放低，膝部伸直，臀部随之向侧后方摆动，另一条腿放松屈膝。臀部的摆动要明显，只是在跳快步时可不必强调。

恰恰舞的曲调欢快而有趣，舞步和手臂动作配合紧凑，给人一种俏皮而利落的感觉。对初学者来说，要选用一些慢速的舞曲进行练习。

恰恰舞音乐节拍为每小节 4 拍，第一步和伦巴舞一样，也是从音乐小节的第二拍开始起步的，初学者不可只注意动作和脚步而忽视了乐曲节奏的掌握，否则踏错了起步的节拍，将会使脚步与节奏一错到底。

三、 步伐节奏

恰恰舞用 C 表示，是拉丁舞项目之一。节奏为 4/4 拍，每分钟 30 小节至 32 小节。每小节 4 拍，强拍落在第 1 拍。4 拍走 5 步，包括 2 个慢步和 3 个快步。第一步踏在第 2 拍，时间值占 1 拍；第二步占 1 拍；第三、第四两步各占半拍；第五步占 1 拍，踏在舞曲的第 1 拍上。胯部每小节向两侧摆动 6 次。舞曲热情奔放，舞步花哨利落，步频较快，诙谐风趣。

四、 追赶步

学习恰恰舞，首先要练好并合步，并合步又称为虾 C 步，它是恰恰舞最基本的舞步。并合步由 5 步构成，但最能表现恰恰舞节奏及舞步特点的步子主要在第三至第五步。这 3 步中，它的节拍为 QQS，又念做恰恰恰。其中最后 3 步有的教材也称其为快滑步，由于在快滑步的 3 个步子中，第二步好像在追赶第一步，故这个舞步也称为追赶步。

第四节 牛 仔 舞 基 本 技 术

一、 概念

牛仔舞是一种节奏快、耗体力的舞。牛仔舞由基本舞步踏步、并合步，结合跳跃、旋转等动作组合而成。要求脚掌踏地，腰和胯部作钟摆式摆动。特点是舞步敏捷、跳跃，舞姿轻松、热情、欢快。

二、 动作

1. 形成一个 v 字形。起舞时男女舞伴相对立，男子的右髋骨摸着女子的左髋骨，男子左手的手指弯成钩形，松松地勾着女子的右手指，左边身体与女子的右身分开，形成一个 v 字形。

2. 牛仔舞的音乐。手脚的关节应放松，自由地舞蹈，身体自然晃动，脚步轻快地踏着，且不断与舞伴换位，转围旋转。牛仔舞的音乐节拍为 4/4 拍，1 和 3 为重音，2 和 4 为轻音，慢步占 1 拍，快步占 3/4 拍式 1/4 拍。

3. 跳好并合步。跳牛仔舞必须先跳好并合步。并合步的数拍是3/4，跳的时候可以转或不转的跳向任何方向，前、后、左、右，360度的任何方向都可以，并合步还可以旋转着跳"美式旋转"，当跳向前或向后的并合步的时候，可以用锁步，也可以不用锁步。

4. 并合步的重心。主要是在前脚掌，而且是脚尖内侧，专业的说法称为"拇指球"内侧，拇指球指的就是前脚掌。尽管第一、二步脚法是拇指球，但这些步子的脚跟是靠向地板的甚至是碰上地板的，当第三步做一个足量的转动时，这1步的脚法也是"拇指球"，重心在前脚掌上。

5. 并合步的脚法。当男士或女士跳向前的并合步的时候，脚法是：前脚掌、脚尖、前脚掌。跳向后的并合步的时候，脚法是：脚尖、前脚掌、脚尖。牛仔舞常用的向左、向右或向前、向后锁步的并合步是最基本的舞步，许多舞步都是在此基础上变化发展的，因此，对于初学者来说必须反复练习，以达到熟练自如。

6. 胯臀部的动作。跳牛仔舞左右并合步的时候，还要加上胯臀部的动作，否则就失去很多魅力。跳牛仔舞左右并合步的时候胯是要左右摆动的，很多人跳的时候没有胯的动作，即使节奏对，第二步并腿的要领也对，看起来也不好看。比如向左的并合步，胯就要向左摆动，在第三步向左出胯。向右的并合步，胯就要向右摆动，在第三步向右出胯。当然其他的辅助性舞步也是有胯的摆动的，可参照伦巴舞中的胯的摆动，但是在牛仔舞中胯不用像伦巴舞中那样有转动的要求，只要稍微左右摆动就行了。

三、 注意事项

1. 步伐一定要小。跳牛仔舞的步伐一定要小，几乎就是在原地跳，否则在快速的节奏下，很难跟上节奏。老师做示范的时候一般步子都很大，因为小了学员看不清楚，但是真正随节奏跳的时候，步子一定要小。

2. 要压着身体跳。牛仔舞虽然欢快热烈，给人的感觉富有弹性、跳跃感很强，其实并不能真的跳起来，跳起来的感觉只是人的一种错觉，要压着身体跳，否则就真像跳大神了。跳跃感不是由于跳起来很高呈现的，而是由于双腿的快速的运动给人的错觉造成的，这一点慢慢的大家都能领会。

第五节 桑巴基本技术

一、概念

桑巴舞是一种集体性的交谊舞蹈，参加者少则几十人，多则上万人。这种舞蹈以鼓、锣等打击乐伴奏。这种舞蹈的舞步简单，双脚前移后退，身体侧倾，前后摇摆。

桑巴舞可在舞厅和舞台上演出，而更多则是在露天的广场和大街上集体表演。舞者围成圆圈或排成双行，边唱边舞。舞者狂放不羁，动作幅度很大，节奏强烈，给人以激情似火的感觉。

二、动作

1. 男女舞者。男女舞者成对原地或绕舞厅相伴而舞，也可分开来跳各自的舞步。男舞者钟情于脚下各种灵巧的动作，两脚飞速移动或旋转。女舞者则以上身的抖动以及腹部与臀部扭动为主。

2. 打击乐器。而大鼓、铜鼓、手鼓等打击乐器同时并作，高亢激越，声浪滚滚，更烘托出一种紧张炽热、烈火扑面的气氛。

在这种气氛达到高潮之时，乐声往往又戛然而止，高难的舞蹈动感一下子冷凝为万般皆寂的雕塑似的静态。动与静的瞬间变化，大起大落的惊人和谐，制造出一种特有的惊喜感与震撼美。桑巴有着特有的节奏，其中以富有巴西特点的乐器著称。

3. 动作要领。桑马基本动作是左、右扫步。第一步左脚左侧迈步，髋关节由右向左划 8 字，左手向左侧打开伸直，右手划一弧形扣肘从脸侧划下。第二步右脚后侧点地的同时放髋下压，右手向后摆打开伸直，左手划一弧形扣肘从脸侧划下。第三步同第一步但方向相反。第四步同第二步但方向相反。

第六节 斗牛舞基本技术

一、概念

斗牛舞源于法国，盛传于西班牙，是模仿西班牙斗牛士动作的一种舞蹈。男舞者如斗牛士般气宇轩昂、刚劲威猛；没有胯部的扭动动作，脚步干净利落，进行曲式的舞曲，给人一种勇往直前的大无畏气概。女舞者红色披肩，英姿飒爽，舞姿迷人。

二、动作

1. 是两步舞。斗牛舞是一种两步舞，男士象征斗牛士，气宇轩昂、刚劲威猛，女士象征斗牛士用以激怒公牛的红色。斗牛舞的音乐为 2/4 拍，速度每分钟 62 小节左右。

2. 舞的握持。除了因手臂举得相当高，致使男女上身位置更贴近之外，其握持方式与英式舞蹈相似。当舞步进行处于侧行步位置或反侧行步位置时，舞蹈位置无法保持正常的握持，身体的接触会脱离，女士与男士分开约 0.12～0.18 米，男士无法按惯常以双臂去引导他的舞伴，因此，手臂动作被引导，且不应是夸张的。

3. 舞步重心。都是在脚底，脚跟离开或是轻微接触地面，而前进进行舞步通常是以脚跟引导。

4. 动作术语。原地踏步、基本步、踩步、攻步、追步、并进走步、推分离步、侧行前进、大圆圈转、开式折线步、并退快扫步、斗篷步、切分推离步、短扎枪步、扭摆步、矛刺步、费列戈利那、行进连续转。

第十三章 搏击操

第一节 练习方法

一、 发力准确

搏击操的基本拳法、腿法都来自于竞技搏击类项目，因此在发力感觉上完全与之相同，出拳要快，踢腿要狠。出拳快即击出后要靠自身马上将拳收回，踢腿狠即攻击对方某部位力量要重。

二、 音乐伴奏

在音乐伴奏下练习时，只要注重发力的感觉，所有动作都在于出拳、踢腿的过程，不必考虑用全力击出。那么这个过程是很顺畅的，完全在肌肉配合控制下进行的，所以它能充分锻炼到每部分肌肉，尤其对腰腹肌的针对性更强。

<h2>第二节 基本技术</h2>

一、 热身

两脚开立，深呼吸，原地踏步、侧点步、交叉步等，全身伸展。

二、 直拳

站立，面向目标，臂和肩部成一直线，发力顺序从腿、腰、肩、拳。目标：颚，肋、鼻。

三、 摆拳

站立：面向目标，出拳时臂和肩成一弧形，发力顺序从腿、腰、肩、拳。目标：颚，肋、鼻。

四、 左勾拳

左腿在前，重心靠前，臂夹角 90 度，左右脚替换，出拳尽可能长。目标：颚，肋、鼻。

五、 前腿前踢

脚与肩同宽，重心在后脚，看着目标，抬膝，上身微后仰，脚掌踢。目标，回开始位。

六、 后腿前踢

脚与肩同宽，重心在前脚，看着目标，抬膝，上身微后仰，脚掌踢。目标，回开始位。

七、 侧踢

两脚开立，与肩同宽，重心在右腿，目视左侧目标，抬起左膝，向身体靠，上身微向右倾斜，右脚脚尖转离目标，右臂放低，保持平衡，用脚侧缘攻击，脚尖朝下，踢出左腿，回到侧面。

八、 摆踢

右侧为目标，两脚开立，与肩同宽，重心在右腿，屈前腿，目视右侧目标，抬起左膝，向身体靠扫向目标，重心在前腿，动作完成时放松膝盖，身体向右微倾，右脚脚趾转离目标，左膝弯曲，指向目标，右臂放低，保持平衡，用脚侧缘攻击，脚尖朝下，左脚放下时，两脚距离比肩宽，最终站位左侧为目标，与开始时相反。

第三节 主要招式

一、 左直拳

站立，左腿在前，面向目标，臂和肩部成一直线，发力顺序为腿、腰、肩、拳。

二、 左勾拳

右腿在前方，重心靠前，臂夹角 90 度，由下往上出拳，出拳尽可能长。

三、 右摆拳

站立；双腿张开，面向目标，出拳时臂和肩成一弧形，发力顺序为腿、腰、肩、拳。

四、 踢腿

脚与肩同宽，重心在后脚，看着目标，抬膝，上身微后仰，脚掌踢目标，然后回开始位。

五、 抬膝

脚与肩同宽，前后脚，重心在后（左）脚，看着目标，左脚抬膝。

六、 右压腿

两脚平行开立，脚尖对正前面，右脚屈膝成 90 度，膝部不超过脚尖，大腿接近水平线，全脚着地，左脚伸直，双手向左保持平衡。

第十四章 身体健美操

第四节 瘦身健美操

步骤一

站立，两手叉腰，两腿分开。先向左侧扭转腰部，直至最大限度。然后再向右侧扭转腰部，同样直至最大限度。连续做 10～20 次。

步骤二

站立，两手叉腰，两腿分开。先向前后弯腰，再向左右弯腰，弯后直立，连续做 10～20 次。

步骤三

站立，背靠墙，两手向上伸直，腰向后弯，两手逐渐下移，直至最大限度，做 5 次。

步骤四

仰卧，闭眼，两腿交替伸直和屈膝动作要慢，并与呼吸配合，肌肉要放松。

步骤五

仰卧，先将右腿弯曲，使大腿尽量靠近胸部，停 2 秒后再伸直；换左腿做同样动作。两腿交替，连续做 10～20 次。

步骤六

左侧卧位，右臂垫在头下面，双腿稍微弯曲，然后尽量屈右腿，

使膝关节靠近下凳，然后慢慢伸直；再屈左腿，使膝关节靠近下凳，然后慢慢伸直。两腿交替进行10次，再换右侧卧位，动作与练习次数同前。

步骤七

跪在床上，双手支撑上身，像猫一样练习弓背时要低头，腰部要用力，然后慢慢抬头，并放松腰背肌肉，使脊柱"U"形，在做弓背动作时深吸气，塌时长呼气。

步骤八

仰卧，两腿弯曲，两臂放于体侧，头及上身慢慢向上抬起，停留1分钟左右，头再落下，反复进行，直至颈部及腰部肌肉感到酸沉为止。

步骤九

仰卧，以头和脚为支撑点，腰臀部尽量向上挺，身体成桥形，持续30秒钟后将臀部及腰部放下，休息2分钟再做，每天起床时及睡觉前各做3次。

步骤十

坐在凳子上，用两手摩擦腰部，每次5分钟以上，并手握拳在腰部脊柱两侧轻轻拍捶，每次30～50下。

步骤十一

站立，两腿分开，双臂向前伸直并向上抬，头和上身尽量后仰，仰到不能再仰时，改为低头弯腰，两臂尽量垂直，手摸脚尖，注意膝关节不要弯曲，然后再抬头向后仰身，如此反复练习。

步骤十二

站立，两手叉腰，两腿分开，先按顺时针扭转腰部10次，再按逆时针扭转腰部10次，最后向前后、左右各弯腰5次。

第二节 身材健美操

良好的身材是每一个年轻人所渴求的，而要想保持好的身材，坚持运动是至关重要的。其实，你每天只需花 20 分钟，坚持练习健美操，好身材就会长期属于你。

一、拱臂运动

1. 姿势

跪撑，抬头，背平直。

2. 动作

拱背，低头，收缩腹肌，保持姿势 5 秒钟，还原。反复做 8 次，收缩腹肌时口呼气，还原时鼻吸气。

二、体侧屈运动

1. 姿势

盘腿端坐，双手放在体侧地上。

2. 动作

左手向左侧方滑出，上体左侧屈，右臂上举，随之向左侧摆振，反复向左侧屈摆 4 次，还原。换右侧做 4 次，重复 2 遍，侧屈时臀部不动，运动要做得慢而有节奏。

三、 划船运动

1. 姿势

坐姿，两腿屈膝分开，双臂前举，手心向下。

2. 动作

双手随上体前屈而前伸，头伸向膝间，还原，每间隔 6 秒钟做 1 次，反复做 24 次，腰背挺直时收腹，上体前屈时呼气，伸直时吸气。

四、 腿部运动

1. 姿势

平卧，左臂后伸平放，左腿伸直，右腿屈膝撑起，右臂平放体侧。

2. 动作

背部贴紧地面，左臂前举，左腿后抬，尽量使两者相碰，重复 12 次，再换右臂、右腿做 12 次。要点是收腹，保持背部平直。

五、 扭转运动

1. 姿势

坐姿，两臂自然下垂，左腿屈膝放右边；右腿屈膝抬起，脚放左大腿外，上体向右扭转，左手置右腿跟上，右手放在身后地板上，眼睛看右肩，保持姿势 20 秒钟。

2. 动作

换方向做相同动作，各重复 2 遍。转体时收腹、深呼吸。

六、 收腹运动

1. 姿势

仰卧，双腿分开，腰不贴地，两臂平放体侧，收紧腹肌，使脊椎贴地面，保持姿势6秒钟。

2. 动作

放松还原，反复做12次。

七、 挺腰运动

1. 姿势

仰卧，背贴地，双腿屈膝分开，双臂平放体侧。

2. 动作

收腹肌，缓慢挺起腰部，直至只有肩头触地，背部保持挺直4秒钟，然后缓慢放下腰部还原，反复做12次。

八、 转体运动

1. 姿势

仰卧，右腿屈膝，右脚放在左大腿上，两臂平放体侧，手心向下。

2. 动作

右膝尽量向左摆，反复做8次，然后，左脚放在右大腿上，左膝尽量向右摆，反复做8次，各重复做2遍。摆腿时肩部保持不动，两手位置不变。

第十五章 踏板操基本技术

第一节 基本状况

一、概念

踏板操，顾名思义就是踏板上的健美操。借助一块高度可调的踏板，通过各种踏上踏下带有转体和跳跃的动作，达到心肺功能的锻炼，因其动感、激情的特点和对女性腿、臀的良好塑体作用，被人们视为经典的健身方式之一，更是一种日益时尚的减肥方法。

二、作用

踏板操即在踏板上随着动感音乐有节奏地上下舞动，进行健美操的动作和步伐。它具有健美操的所有特点，同时，由于大部分动作是在踏板上完成，所以能更有效地增强心肺功能及协调性。

三、踏板的规格

练踏板操的踏板一般长 1 米、宽 0.35 米、高 0.08 米。踏板的高度也可以根据运动水平、踏板技术、膝关节的弯曲度而调节，高度越高，练习的强度就越大。

四、 基本的动作

踏板操的最基本动作就是上板、下板。一种叫"基本步"的动作，就是正对着板面上、下板。还有一种就是"侧点步"，转体45度上、下板就对了。

踏板操的训练要求每周至少做3次，3个月为一个周期。

第二节 板上要领

一、 第一组

1. 抬腿1次。单腿抬高，然后点地，触地时间要短。
2. 侧踢1次。侧展髋部，侧踢的腿要伸直。
3. 后屈1次。上身略前倾，单腿后屈，脚跟尽量往臀部靠拢。
4. 前踢1次。单腿前踢，腿要伸直。

二、 第二组

1. 抬腿3次。参照第一组抬腿1次，可以交叉点地。
2. 后屈3次。参照第一组侧踢1次。
3. V字步。上板后两脚分立，与下板后的站位点正好形成V字。
4. 分腿跳。在板下分腿跳跃，有点像广播操中的跳跃运动。
5. 葡萄藤步。右脚横向向右迈1步，左脚向后退1步交叉于右脚后，右脚再从侧边迈1步，收回左脚并拢。

每组动作可以进行多种组合，中间用基本步串联。

第三节　注意事项

1. 踏板要平。脚踩踏板要平，并且要踏在板的中心，以防踏板不稳定。

2. 避免悬空。不要将脚跟抬离踏板，悬空是很容易扭伤跟腱的。

3. 脚尖着地。下板时脚尖应该先着地，随后脚跟落地，这样可以使身体得到缓冲。

4. 防止扭伤。膝部不要太僵，而要保持弹性，这也是为了提供缓冲，防止背部扭伤。

5. 注意倾斜。做倾斜动作时，腰部不要倾斜，但脚踝部应该倾斜。

6. 保持收腹。保持收腹的形态，使肌肉处于正常的活跃状态。

7. 均匀呼吸。保持均匀呼吸，不要屏气。

8. 平时锻炼。平时要多锻炼，比如有空多爬爬楼梯，这样可以和节拍很好地配合起来。

第十六章　健美体操的训练

　　健美体操的训练是通过各种训练手段对运动员进行身体训练、技术训练、意识训练和心理训练，目的在于改善与提高运动员的身体机能能力和充分发挥所获得的技能并在竞赛中取得优异成绩。

第一节　身体训练的内容与方法

　　健美操是综合性的、全面影响身体的运动项目，因此应全面发展身体素质，才能适应项目发展的需要，提高运动技术水平。提高身体素质应注意一般身体素质和专项身体素质相结合。根据健美操的特点应重点发展以下素质：

一、　力量素质

　　1. 力量性动作增加。成套动作中力量性动作的增加，特别是复合型力量动作，把力量在健美操中的作用提到了一个较高的位置。

　　2. 全面的发展素质：

　　上肢力量应重点发展肩带肌、肱二、肱三头肌、胸大肌的力量。

　　腰腹力量应重点发展腹部和背部肌群的力量。

　　下肢力量以发展弹跳力量为主。

　　3. 力量素质的事项。力量训练以动力性练习为主，在保证动作技

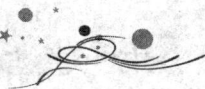

术的情况，尽量快速完成动作，培养肌肉快速收缩、放松的能力，来适应健美操在快速运动中完成动作的特点。力量训练应与柔韧、放松练习相结合，以便提高肌肉的弹跳性和伸展性。

二、 柔韧素质

1. 踢腿跳步训练。成套动作中，大幅度的踢腿和跳步能充分地体现运动员的柔韧性，良好的柔韧性是完成一些难度动作和高质动作的基础。

2. 身体部位训练。应重点发展双肩、腰、腿及髋关节的柔韧性。
肩部应重点发展肩的伸展性和灵活性。
腿部应重点发展体前、体侧的伸展性及控制力。
腿胯应重点提高大幅度快速踢腿的能力，腿的控制能力以及髋关节的灵活性。

3. 训练基本方法。发展柔韧性有主动和被动两种方法。
主动柔韧性练习更接近于实际需要。
被动柔韧性练习则能有效地提高柔韧性。

4. 综合进行训练。发展柔韧性要与放松练习交替进行，主动和被动相结合，综合的进行训练。

三、 协调素质

1. 提高动作组合。协调性是身体素质中最不好练，最不容易提高的一项素质。但它却是健美操所必需的素质之一。协调性可通过各种舞蹈组合及徒手体操、健美操跑跳动作组合来提高。

2. 进行组合练习。应选择需要上下肢、躯干、头等多身体部位相互配合且具有一定复杂性的动作。协调性训练应经常变换舞蹈、徒手体操、健美操等组合的练习内容，动作编排应对称与不对称相结合，节奏快、慢、变节奏相结合，选择的动作注意不同的肌群同时参加运动，特别时小肌群参加运动的动作。

四、 耐力素质

1. 提高素质方法。发展一般耐力素质的常用方法有：中长跑、变速跑、规定时间的各种原地跳及跳绳等，还可将身体各部的力量练习编成一组，进行循环练习、动作练习。

2. 发展耐力方法。发展专项耐力的方法有健美操跑跳动作组合，进行跑跳动作组合练习要达到一定的时间和量，半套、成套、超成套或多成套的成套练习。专项耐力训练可收到一举两得的效果。

第二节 技术训练的内容和方法

健美操运动技术训练的主要内容有：形体训练、身体素质训练、基本技术训练及专项技术、技能训练和舞蹈训练。

一、 形体训练

1. 建立正确的基本姿势。正确的动作姿势训练一般经过两个阶段：

姿势定型。保持正确的动作姿势及定型，通过持之以恒地运用正确意念控制动作训练过程，形成正确的动作姿势定型。

美化心灵。通过健美操训练塑造健美形体的同时美化心灵。两者的统一，要求训练时寓情感于动作姿势之中，使其具有感染力。训练内容可借助于生活中富有情感的动作，如交际舞、拉丁舞、时装表演、登台讲演、诗歌朗诵等进行。

2. 基本姿势训练的手段。

感觉练习。即身体各部位向不同方向定位的本体感觉练习。向不同方向的腿部屈、伸、踢、旋、绕、弹动、跑和跳；髋部平移、转动、翻动、掀动、扭动；躯干部胸、腰、肌肉群紧张与放松；上肢屈、伸、举、摆、绕、旋转等练习，以建立身体各部位的准确姿势所必需的本体感觉。

语言练习。竞技健美操动作具有很强的节奏感，在训练中要正确地运用口令和节拍，轻重缓急、抑扬顿挫要鲜明，采用边数节拍边提示动作的方法，以简短的语言及时强化动作节奏和用力方法。

把杆练习。紧密结合健美操的项目特点，重点选择脚背的勾绷、下肢的延伸、挺拔和开度以及对身体各部位肌肉的控制和用力等练习。如借助于把杆进行不同方向的踢腿、控腿、弹腿，身体屈伸、波浪、移动、转体等练习。

变速练习。行进间不同速度的走、跑、跳及躯干练习。重点应练习各个方向的踢腿、转体等动作。

律动练习。通过屈伸、绕环、摆动、波浪、弹动、松弛等律动性强的基本练习，掌握全身各部位参与运动的正确方法和用力节奏，使身体动作的幅度增大、韵律感增强。

舞蹈练习。通过体育舞蹈的基本步法及基本动作训练，充分发挥胸、腰、髋潜在的表现力，锻炼躯干部位的灵活性，同时能培养正确的姿态、漂亮的手势、灵活的关节和节奏感、音乐感及表现力。

二、 身体训练

根据竞技健美操运动的特点，身体素质训练的内容主要包括力量训练、柔韧训练、耐力训练和协调性训练等。

1. 力量训练。力量是指人体肌肉收缩时所表现出来的一种克服阻力的能力。采用不断加大阻力的练习，力量才能增长。健美操运动员所需要的力量与爆发力密切相关。其训练内容包括上肢、下肢和躯干力量的训练。

上肢力量训练。俯撑类力量训练，包括手脚在同一平面的俯撑屈伸、俯撑击掌和脚置于高位的俯卧撑，采用快速、慢速和变速进行练习；推撑力量的练习，如双杠的支撑摆动臂屈伸，初练者采用克服自身体重的臂屈伸，然后可在负重情况下练习臂屈伸，并逐步增加练习的次数；运用杠铃或哑铃练习各种卧举、坐举、颈后举等；引体向上至胸与杠齐平或颈后与杠平；各种支撑，包括分腿、屈腿、直角、半劈叉等的静力练习，控制 5～10 秒；加大难度进行练习，如双脚单臂、单脚单臂俯卧撑；在增加负荷情况下练习俯卧撑；手腕系沙袋，练习臂向各个方向摆动，以提高速度力量。

下肢力量训练。负重练习，原地连续纵跳或负重连续纵跳；快速跳绳；30 秒连续综合跑跳练习或在增加负荷的情况下完成。

躯干力量训练。仰卧起坐，上体前屈；仰卧举腿；肋木或单杠悬垂举腿至两脚背触手握的横杠；高低杠上，由高杠悬垂开始做两腿向左（右）绕低杠的练习，或直角悬垂，静止不动；前臂和脚分别置于体操凳上，俯卧静力控制练习；头和脚分别置于体操凳上，身体挺直仰卧静力控制练习；俯卧起上体或俯卧两腿伸直后上摆起；体侧屈肌群练习，固定下肢，上体向上侧屈。以上练习，均可负重进行。

2. 柔韧训练。柔韧素质是指肌肉、韧带的弹性和关节活动范围及灵活性。采用缓慢的等张力拉长肌肉韧带，直到能承受为止，能有效地提高柔韧性，并避免损伤。发展柔韧素质的方法有两种：一种是依靠外力的作用，促进关节灵活性增大的方法，也称被动法；另一种是通过与某关节有关联的肌肉收缩来增加关节灵活性的方法，也称主动法。在健美操训练中，两种方法可综合运用，并可取静力性拉长肌群，动力性的压、踢、拉、搬、控等手段提高柔韧性。其内容包括肩胸部、躯干、腿部的柔韧练习。

肩胸部柔韧训练可概括为：压、拉、吊、转 4 种。

训练方法：面向肋木或横马站立，两手扶在和髋同高的位置上，做体前屈、挺胸、上体向下振动使肩角拉开；背对肋木站立，两臂上举两手握肋木，抬头、挺胸向前拉出，使肩角拉开；背对肋木悬垂，另一人用肩和背顶练习者的背部，帮助顶开肩部；俯卧地上，两臂伸直上举，同伴将实心球置于其颈背上，用膝顶住球向前下方用力，同时两手握其臂部向后上方拉；握棍或绳转肩，手距逐渐缩短；仰卧在鞍马背上，两手反握鞍马环悬垂拉肩或他人帮助将练习者的腿向鞍马身靠拢。

躯干柔韧训练。躯干柔韧训练主要是发展躯干部分的前、侧后肌

群的伸展性和迅速收缩的能力及脊柱各关节的灵活性，需常用不同方向的压、振、摆、控等方式进行。

训练方法：两腿伸直并立体前屈，手抱腿，静力停止不动；站立高处体前屈，两手尽量下伸；分腿或并腿坐地，上体尽量前屈；分腿站立体前屈，上体在两腿中间连续摆动，两手向下后伸；身体最大限度的向左、右、前、后做屈伸或波浪。

腿部柔韧训练。腿部柔韧训练主要是发展腿部的前、侧、后肌群的伸展性和迅速收缩的能力以及髋、踝关节的灵活性。需用前、侧后3个不同方向的压、扳、踢控、劈叉等方式来进行。

训练方法：向前、侧、后不同方向的压腿、扳腿。背对墙或仰卧地上，一腿前上举，由同伴把前举腿扳起加助力按压至胸前；踢腿可扶把杆原地踢，也可行进间踢，并可负重系沙袋踢，除了前、侧、后踢外，还有混合轴方向踢，如十字踢腿和偏腿、不同方向的控腿练习、纵劈叉和横劈叉。

3. 耐力训练。耐力是人体抵抗长时间工作产生疲劳的能力。运动时的耐力包括肌肉耐力、心血管耐力和神经过程耐力。耐力是健美操运动员竞技能力的基础。耐力训练可以间歇训练法为主，配以循环训练法和重复训练法。

肌肉耐力训练：逐渐增加机体负荷直到极限量；以轻重量多次数的练习提高肌肉耐力。

心血管耐力训练：3~5分连续跳绳提高小臂肌肉耐力和心血管耐力。有氧操训练，提高心血管耐力。

神经的耐力训练：同一段动作的多次数、多组数的重复练习，达到极限量；延长训练时间，在身体疲劳的情况下进行评定、考核；连续完成2~3遍整套操，能提高神经过程耐力。

4. 协调训练。协调性是指运动员身体各部分在时间和空间上相互配合，合理有效地完成动作的能力。健美操运动员的协调性包括3个方面：一是音乐节奏与动作协调一致；二是动作与空间感觉相一致；三是协同肌收缩与放松交替相一致。

音乐与动作协调训练：音乐节奏与动作节奏协调一致的训练，选择与健美操动作节奏相同的伴奏乐曲进行训练；通过对动作记忆和对音乐的欣赏，使音乐主旋律与健美操动作形象在大脑皮层中形成一定的联系。在训练中身体出现疲劳征兆时，灵活性练习是提高协调的重要手段；边做动作边默诵乐曲，并建立定型，使动作与音乐协调一致；在各种不同节奏、不同风格的音乐伴奏下练习同一组动作快与慢交替进行训练，努力表现出相应的风格。

动作与空间感觉训练：静力练习肢体停放在某位置上，然后闭目，利用本体感觉这个角度，当肢体疲劳而改变肢体位置时，则停止练习；选择躯干的含、挺、振胸、身体波浪至复杂有节奏变化的动作；髋部前后、左右扭、绕；脚步复杂变化的练习；选用体育舞蹈中拉丁舞系列的身段、舞步训练，以提高动作的空间感觉；通过观摩竞赛、录像、分组练习，有针对性地相互观察、进行研讨，交流心得体会，提高各种动作与空间感觉的认识，以利进一步提高；采用同侧与异侧、上肢与下肢协调配合的动作进行练习。

协调收缩与放松训练：主动肌与协同肌协调收缩与放松训练，在慢动作中体验肌肉的协调收缩；由慢到快完成动作时，控制相对应肌群的紧张与放松，并多次重复建立动力定型。

三、 技术训练

1. 基本动作。基本体操训练以徒手体操为主。徒手体操内容丰富、动作简单，其特点是动作规范、横平竖直，可以培养运动员身体各部位正确的姿态、规范的动作，它所特有的动作对称性，可以使肌肉得到全面的发展。徒手体操按人体解剖和人体运动部位可分为头颈、上肢、下肢、躯干运动。这些运动可根据需要进行某个部位的专门练习，也可进行全身性的综合性练习。

2. 技巧运动。小技巧动作、支撑性及配合性动作。

3. 健美体操。随着健美操难度动作的提高和发展，出现了许多复合型的跳步、转体，这些动作对运动员的能力、空中肌肉运动感觉要求很高，体操中技巧及一些器械等项目中的某些动作训练，能收到较好的训练效果。

4. 动作风格。通过各种不同风格的健身性健美操训练，可以训练

动作的节奏和韵律感、肌肉紧张、放松的用力感觉，重要的是训练健美操的动作风格；

5. 基本训练。健美操基本功的训练，主要训练肌肉快速用力的感觉，注意强调关节屈伸的弹性及动作的力度、幅度、准确性。

四、专项训练

技术即指能充分发挥运动员机体能力的合理、有效地完成动作的方法。技术训练实质上是运动员重复完成既定的动作模式的过程，也是竞技健美操专项技术、专项技能的提高过程。专项技术是在规则允许的条件下，所采取的各种专门动作方法的总称。专项技术训练实质是健美操动作的训练。

1. 专项技能训练。

是指健美操技术能力的训练。除了重复训练达到技术熟能生巧之外，还包括力度、幅度、表现能力、音乐节律等的训练。技能的提高必然会带来专项技术的提高。

力度训练。可提高运动员在瞬间控制肌肉用力的能力。掌握力度的运用，合理调配肌肉用力的紧张与放松、速度的快与慢，可使动作体现出刚柔相济、有控制、有速度、有爆发力。力度表现在身体的各个部分，如跑跳、踢腿及手臂的各种摆、绕等动作的瞬间加速和快速急停等。

训练方法：运用语言刺激，使机体所练部位突然加速和快速急停，以正确掌握完成动作时肌肉用力的方法；力量训练是力度的基础训练，可以在相同的动作速度中，逐步增加负荷重复练习；

幅度训练。动作幅度的大小取决于关节的灵活性和韧带、肌肉的弹性。

训练方法：肢体关节一端固定，弹压、推拉关节韧带；将四肢向远端最大限度的延伸；身体各关节最大限度的屈伸和旋转等。

表现力训练。表现力是人们通过面部表情和身体动作来抒发内在情感的能力。竞技健美操竞赛规则规定了表现力和优美性的综合评定标准，所以训练表现力的同时必须与优美性相结合。

节奏训练。节奏训练的目的是让运动员掌握单位时间里动作频率、振幅、力度等综合特征，并熟练运用。节奏训练就是训练运动员对动作力量、时间间隔恰当地运用，保证动作的协调、省力、效果好。

训练方法：识别音乐节奏和主旋律的练习，从学习乐理开始，进而听音乐节拍，并按节拍做对称动作和步伐练习；在相同节拍、相同旋律的音乐伴奏下完成身体各部位不对称动作的组合练习；组合动作不变，在各种音乐风格和不同主旋律伴奏下进行练习，使运动员加深对节奏及其与动作关系的理解；采用不同风格、不同节奏、不同特点的音乐伴奏，完成整套技术动作练习，把音乐节奏特点与主旋律内涵通过动作表现出来，达到动作与意境的结合；采用同样的音乐伴奏、同样的组合动作，对节奏进行不同的处理，使运动员能从多方面来理解音乐节奏及节奏与动作的关系。

2. 专项技术训练。

基本动作训练。竞技健美操基本动作训练主要是，跑跳动作配以手臂、身段、腿部等变化，这也是竞技健美操的基本动作。

训练方法：训练原地和行进间的各种弹跳步、踢踏步、姿态跳、分腿跳、交换腿跳等；以手臂、躯干、头部动作配合各种跑跳练习；运用有氧操的练习达到活动关节，增加动作素材的目的；以变节奏规范操的形式训练运动员操化手型、建立各个不同位置准确的本体感觉。以上各类动作可以在不同的音乐伴奏下进行练习或在2人、3人、6人配合下练习。

组合动作训练。这一训练是把各种相同部位的动作作为主要内容组合起来进行练习。

训练方法：运用各种相近、有特色的舞蹈动作为训练和发展机体局部而配套成各种组合练习；有针对性地选择不同组合，在训练中，初级阶段选择头部组合、手臂组合的第一二部分；中级阶段选择髋部组合、脚步组合等；高级阶段可选择身韵组合；组合动作不变，选择不同类型的音乐，突出变化的节奏，提高识别和运用音乐与动作内涵结合的能力。

造型动作训练。竞技健美操造型动作训练中的造型分平面造型和

立体造型。平面造型是在地面上完成，立体造型是在不违反规则规定的前提下，由地面支持分层于低空完成，托、举、拉、撑、控、劈叉、平衡与负重是各种造型的枢纽动作。个人可以完成各种姿势及造型，但相互配合下的多人立体造型，必须互相支撑、互相借力、齐心协力，使造型整体平衡、稳定、准确、美观。

训练方法：训练造型的支撑力，这是造型的基础。立体造型中的底层运动员要进行各种支撑、托举等的力量训练；上层造型队员要进行平衡、劈叉、支撑能力的训练；造型队员之间互相配合，进行借力、控制动作能力的训练；把造型与其前后动作结合起来重复练习，提高力量分配能力和造型的稳定性；在整套操练习时，发现造型存在的问题，应及时改进。

五、 动作训练

1. 设置。规定动作的设置是随着规则的发展变化而变化不定的，目前规则中保留的 4 类规定动作有的相对沿用成为健美操的特色动作，如俯卧撑、踢腿等。

2. 要求。规定动作训练首先要抓好一般性力量训练和柔韧练习，在此基础上按技术要求进行专门训练。

3. 课题。难度动作训练是近年来健美操运动技术水平提高增加的新课题，从国际发展方向看，它已成为健美操训练的主要内容。运动员要根据自己的特点和能力选择难度动作，并进行专门的练习，复合型难度还应采取一些专门的手段和方法，这对健美操的教练员来说也是一个新课题。

六、 舞蹈训练

芭蕾舞、现代舞、爵士舞、迪斯科及各种民间舞舞蹈训练多以组合形式为主，以提高运动员的协调性、节奏感、乐感、优美的姿态和表现力等。此外还可训练肌肉内在的感觉，提高运动员艺术素养和健美操意识。

第三节 意识训练的内容及方法

健美操的意识训练主要有表现力、优美性和乐感的培养。

一、 舞蹈组合练习

主要训练手段：各种健美操组合训练，各种不同风格的舞蹈组合练习。

二、 乐感培养练习

1. 掌握乐感。使学生们边听音乐边做动作，利用音乐来强化对动作的记忆，通过反复练习帮助学生掌握乐感。

2. 选择乐曲。在训练中多采用节奏鲜明强劲、旋律优美动听的音乐，如迪斯科、歌曲联奏等，结合"击掌、踏步、屈膝弹动"等动作培养学生的音乐节奏感，对于健美操的新授动作，在掌握基本动作的基础上，应选择节奏较明快的音乐，一般采用二拍一动的速度来帮助学生模仿、记忆动作，再用简易的体位语言来提示学生，让学生有更多的时间和精力去理解音乐与动作，以培养学生用音乐感染动作、用动作表现音乐的能力。这样学生们才会体会出音乐给健美操带来的激情与活力，才会调动起学生学习的积极性和主动性，培养其学习兴趣，从而才会树立起学生学习健美操的信心。

3. 音乐口令。在健美操教学初期，就应该对学生进行音乐节奏感的训练，在准备活动开始部分教师发出"跟我做"的口令，同时要求学生跟着教师随着音乐节奏踏步，在此基础上，教师不断变换一些简易动作，使学生形成用耳朵听音乐、用眼睛看示范、用身体做练习的一种全身心运动的习惯。

4. 音乐带练。在每次课的内容中都有这种音乐带练的复习过程，健美操动作的力度、激情、表现力等都是在优美音乐的衬托中展示出来的。当学生领悟、熟悉了音乐节奏，并且把动作掌握熟练以后，优美的旋律将学生带入美好的意境之中，表现了健美操动作的韵律性和时代气息，使学生感受到随着音乐的变化而展开自如运动所体现出的魅力。通过这样的训练有效地提高了教学质量，师生在动作与音乐之中得以相互沟通。

5. 提示节奏。用语音与手势提示节奏是培养学生音乐节奏感的有效手段。在强化健美操成套动作的练习时，教师的一举一动，一个眼神，对学生的心理刺激都是非常明显的，因此，学生在练习中教师随着音乐的节奏人为地给他们一些动响效果，用语言及手势提示节奏与方向，使学生的动作与音乐相吻合，学生就会越练越投入、越练越自信。

第四节　心理训练的内容及方法

心理训练旨在训练运动员为完成专项运动所需要的心理素质，使其得到稳定地加强和提高，并学会调节心理状态的各种方法，以便在训练和竞赛中促使身体和技战术水平得到正常和超常地发挥。

一、念动训练

1. 要求。通过想象或回忆某个动作，引起神经、肌肉的相应变化，从而起到训练作用的称念动训练。一般在竞赛前后和休息期间进行。练习时可采用坐或卧的姿势，双眼微闭，全身放松，按程序进行训练。

2. 方法。主要训练方法有：
排除杂念。意守于身体某个部位，至全身发热。

填补意识。用正确概念、要领、形象填补意识，想象训练或竞赛中的美好景象。

完整形象。竞赛时把注意力高度集中于能发挥水平的完整形象，集中于整套动作的连接上。

默念条件。沉浸于已想象的表象之中，默念自己已具备夺取名次的条件，一定会的！一定会的！！念动训练之后，深呼吸数次，放松 1 ~2 分钟并睁开眼，慢慢环视周围，然后进行训练、竞赛前的准备。

二、 模拟训练

1. 概念。模拟训练是针对竞赛中可能出现的实际问题进行相似的练习，提高运动员临场适应性，使之正常发挥技术水平。模拟训练可分为语言图像模拟和实景模拟两类，其内容应根据竞赛情况、运动员特点来确定。

2. 方法。主要训练方法有：

语言模拟。用语言模拟竞赛时的掌声、叫声，引导队员了解和熟悉竞赛环境，提高克服干扰能力。

动作模拟。学习新技术前，反复观看该技术录像，同时记忆动作过程和方法，然后进行新动作模拟练习。

模拟练习。观摩不同风格健美操的表演和竞赛，记录或语言表达其典型动作，边讲边做模拟练习。

创造场景。创造与竞赛气氛相似的场景，进行套路测评、考核、表演，使队员习惯各种复杂情况下进行竞赛。

超量模拟。为了提高身体负荷水平，以超过原有的训练时间和动作组数进行超量模拟训练。

心理承受。采用裁判故意压低运动员的竞赛成绩来训练队员的心理承受力。

第十七章　健美操的比赛规则与裁判法

第一节　竞赛通则

一、竞赛项目

竞赛项目分为：男子单人，女子单人，混合双人，男子三人，女子三人，混合六人（男三人女三人）。

二、运动员年龄

参加成年组竞赛的运动员在竞赛之年不小于 18，不大于 40 岁。参加少年组竞赛的运动员在竞赛之年不小于 12 岁。

三、运动员服装

男运动员：背心、短裤。

女运动员：背心式健美裤、泳装或紧身裤。男、女运动员均穿旅游式运动鞋，可加护腿或护腕。

运动员不准戴除发带、发卡外任何装饰品（手饰）或手表。

第二节 竞赛内容和时间

一、 竞赛内容

健美操只进行自选动作比赛，自选动作必须符合规则要求。6 人项目整套比赛时间为 90～120 秒。

二、 音乐

运动员必须自备录音带，录音必须在空白磁带的"A"面开头。运动员采用的各项比赛的录音带，必须事先在录音带盒的端面标明运动员所属的队名、姓名和竞赛项目的名称，并在运动员报到时将登记卡交给大会。

三、 竞赛程序和计分方法

竞赛程序：健美操竞赛分为预赛和决赛两种。

计分方法：凡报名参加竞赛的运动员，均需参加预赛。预赛中取得前 6 名成绩的运动员可参加决赛。预赛中团体总分为各单项成绩之和。得分多者名次列前，总分相等时，以单项中高分多者名次前；成绩相等，名次并列，下一名为空额。

决赛：参加决赛的前 6 名运动员所获得的预赛得分和决赛得分之和，为决赛总分，以预赛总分多者名次列前；成绩相等，名次并列，下一名次为空额。

四、 参加比赛的队的人数要求

每队 6 人（男 3 人、女 3 人）每个运动员兼项最多不得超过 3 项。

男子三人、女子三人、混合六人竞赛场地要求：

场地为 12×12 平方米地板或地毯，并用 5 厘米宽的白标志带固定（该带宽计算在 12 平方米之内）。

男子单人、女子单人、混合双人竞赛场地要求：

场地为 9×9 平方米的地板或地毯，并用 5 厘米宽的白色标志固定（该带宽计算在 9 平方米之内）。

第三节 裁 判 法

一、 裁判长

1. 组织裁判员进行规则学习，统一评分标准，研究评分细则。

2. 赛前 5 分钟召集裁判组人员准备入场。

3. 发出比赛开始信号，领导裁判组现场评分。

4. 检查评分情况如。发现裁判不公正时，应向其提出批评，情节严重者应向仲裁委员会报告处理。

5. 在记录员的协助下，查看成套动作的时间，视情况给予扣分。

6. 检查评分差距，计算并出示最后得分。

7. 有权召集裁判员会商。

8. 对教练员、运动员行为错误给予扣分，情节严重者给予警告或取消其比赛资格。

二、 裁判员

1. 熟悉竞赛规程，精通竞赛规则及裁判法进行独立评分。

2. 必须在裁判员评分表上做好记录，作为评分依据，便于检查。

3. 遵守裁判员守则，按照规则进行评分。

4. 尊重并服从裁判长的领导，有权向裁判长用适当的方式在适当的场合提出意见。

三、 计时员

1. 了解比赛规则，熟悉成套动作规定时间。

2. 赛前实习计时器性能及使用方法。

3. 比赛时运动员动作开始开表，运动员最后动作结束时停表。集体项目第一人动作开始时开表，最后一人动作结束时停表。

4. 熟练、准确地向裁判长报告成套动作的时间。

第四节 记 录 员

一、 记录员

1. 赛前20分钟负责进行第一次点名，赛前5分钟集合运动员讲解有关比赛的注意事项。

2. 发现有弃权运动员应立即通知裁判长。

3. 比赛开始时或发奖时，负责带领运动员入场或退场。

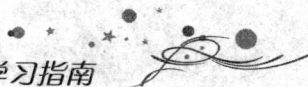

二、 总记录员

1. 登记并审核记录员填写的"比赛评分记录表"。

2. 准确、迅速计算出运动员名次、得分和团体总分及名次。

3. 比赛结束后，协助竞赛委员会编写成绩册，负责整理比赛用的所有表格资料。

三、 放音员

1. 在运动员报到时负责收存比赛用的录音带，根据比赛出场顺序进行编号。

2. 比赛结束后把录音带及时归还运动员，比赛过程中，不准任何人借用或复制录音带。

第五节 评分方法

一、 公开亮分制

比赛采用公开的亮分制，运动员的最高得分为 10 分，裁判员评分精确到 0.1 分，运动员得分最后精确到 0.01 分。最后得分超出小数点后两位，按四舍五入原则计算。

二、 最后得分

在裁判员评分中，去掉一个最高分，去掉一个最低分，中间分数的平均分为运动员的最后得分。如中间分差超出规定范围，可调整个别分数。

中间分差范围中间分平均值在：

9.50～10.10 之间　　　　　　　　　　分差为 0.2 分

9.00～9.47 之间　　　　　　　　　　　分差为 0.3 分

8.50～8.97 之间　　　　　　　　　　　分差为 0.5 分

在 8.50 以下　　　　　　　　　　　　分差为 1 分

例如：5 位裁判的评分是 9.90、9.80、9.60、9.90、9.60，则平均分为 9.77 分，同中间 3 个分的分差（9.90 与 9.60）为 0.3 分，此分无效。若 9.9、9.80、9.90、9.70、9.60，平均分为 9.73，中间分差为 0.2，此分有效。

三、 会商

当中间分差超过规定范围时，裁判长有权召集裁判员会商调整分数，若得不到解决时，则采用裁判长分数与中间数的平均分相加被 2 除的办法，计算出最后得分（基分）。

计算公式 =（裁判长分 + 中间分的平均分）/2 = 基分

四、 评分的特点

健美操的评分特点：

正确的造型

健美操的评分应着眼于正确的动作造型和熟练的技术，而故意吸引观众的表演手段，则要予以相应的减分。

动作对身体的影响

健美操把动作对身体的影响、要有利于健康列

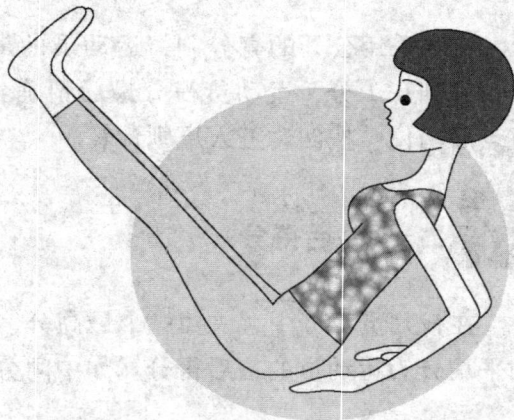

为评分范畴。规则中明确规定：不得做经倒立位置的技巧动作，不得做易造成伤害的动作，这是区别于其他竞技体育项目的一个显著特点。

自身特点

健美操广泛吸收和借鉴邻近项目的动作，如体操、舞蹈、武术等。但它又区别于这些项目。比赛中具有独立于其他项目的技术、能力、才能获得高分，完全照搬、不加以改进的拼凑则被认为是低水平的。

基本姿态

健美操的评分强调动作的基本姿态。成套动作的完成过程中，均要有身体形态和基本姿态的意识。基本姿态要求：重心向上、身体放松、躯干正直、尾闾中正、收腹挺胸、两肩下沉。

创造性

健美操的动作应充分伸展、幅度大，成套动作应流畅有节奏，连接动作和方法应有创造性——巧妙、新颖。

音乐的选配

健美操的音乐应与所选动作的性质相符合，音乐的节奏应与每个动作合拍。

一致性

集体项目应注意节奏、表演风格、高度、幅度和体形、姿势的一致性。综上所述，健美操评分特点可以归纳为：形、力、健、美、新、意、气、神。

五、 成套动作的评分方法

健美操的成套动作是根据规则要求，结合本人和项目的特点，把不同类型的动作和特定动作协调地、不间断地、有机地编排连接起来的自编动作，在成套动作中不得多次重复某个动作。

特定动作（占3分）

规则规定成套动作中必须有6类特定动作：即连续4次俯卧撑；连续4次仰卧起坐；连续4次俯卧体后屈；连续4次高踢腿；转体360度2次；高腾空、大幅度的姿态跳2次，每类动作占0.5分。

特定动作均视为依据

每类特定动作均视为一个动作。每个特定动作必须完成规定数量。如未达到规定数量（无论几次），均判缺少该类动作，扣分值0.5分。凡规定做的连续动作，中间不得中断、停顿及加连接动作。成套动作中少一类特定动作，除扣除分值外，追加扣0.3分，因为缺少一类特定动作降低了整套动作的价值，有利于运动员节省体力，不利于运动员身体的全面发展；集体项目中，个别运动员未做某类特定动作，判缺少该类动作，扣除其分值0.5分。完成某个特定动作时，动作错误扣分。集体项目中，如发现与其他队员代做特定动作的，则扣除1分。

加分因素（特定动作的加分）

加分方法：加分因素分值为0.6分，每类特定动作加0.1分。加分条件：在没有改变特定动作类型前提下，增加技术难度；本身难度价值没有增加，但有新意。具体评分方法有详尽规定。

六、 组织编排

它是反映运动员能力及创造性的一个方面，分值为2分。

组织编排评分依据是看特定动作种类是否齐全，特定动作地分配与连接是否合理，成套动作素材的多样化。不得多次重复某个动作，应注意动作对身体的影响。成套动作要有多次经过位移产生位置变化，利用场地要充分。编排风格独特，与众不同，超出习惯范围。音乐选配与动作性质、节奏、风格、情绪同一。如有的乐曲因剪辑成音乐节拍不完整或动作结束时音乐不完整，按轻微错误扣0.2分。成套动作时间超过规则定时、超过部分的动作仍给予评分，只扣除超过时间的0.1分。

七、 完成情况

成套动作中动作完成质量是决定能否有好的成绩的重要因素。它包括：动作技术和姿势的正确、幅度、熟练性、协调等，分值为3分，每类0.6分。

八、 总印象

它是裁判员对健美操成套动作主观的综合评定，它包括：特点、体形、表现力、优美性等4个方面，分值为1.4分。

各项目特点

女子单人项目，应具有刚柔结合的气质，动作优美，有感染力，突出女性特征。

男子单人项目，应具有阳刚之气，动作豪放，力度感强，肌肉素质好。

双人与集体项目，除具有上述两项特点外，还应有动作节奏、表演风格、情感交流等。体形姿态和技术要素（方向、幅度、高度、姿势等）的一致性、整体性。

体形分类

体形分健美型（标准型）、一般型或粗壮型及肥胖或瘦弱型3种。除健美型外，按不同类型进行相应减分。

表现力及优美性

表现力是指人的内在精神气质和外在动作表现的统一，它反映在表情、情绪、激情等方面，动作完成情况是优美性的基础，表现的纯朴、真实、自然，就给人以美的感受。反之，矫揉造作、赛场上戏剧性的表演或过分呆滞，均会严重影响成套动作的整体效果。因此，裁判员对成套动作表现力、优美性应进行综合评定。

队及个人特点	0.5分
表现力	0.3分
优美性	0.2分
体形	0.4分

第十八章　全国健美操大众锻炼标准

一级：

1. 测定内容：见国家体育总局体操运动管理中心制定的《全国健美操大众锻炼标准规定动作》（以下简称《规定动作》）一级（另发）。

2. 动作速度：20 拍/10 秒

3. 动作时间：4 分 30 秒 ±5 秒

4. 动作要求：动作基本正确，有一定的协调性，成套动作连贯，动作与音乐基本协调。

5. 达标成绩：5 分以上。

二级：

1. 测定内容：见《规定动作》二级（另发）。

2. 动作速度：22 拍/10 秒

3. 动作时间：4 分 30 秒 ±5 秒

4. 动作要求：动作基本正确，身体姿态与协调性较好，成套动作连贯，动作与音乐协调。

5. 达标成绩：5 分以上。

三级：

1. 测定内容：见《规定动作》三级（另发）。

2. 动作速度：22 拍/10 秒

3. 动作时间：5 分 ±5 秒

4. 动作要求：动作技术基本正确，身体姿态与协调性较好，成套动作连贯，动作与音乐协调一致，表现出一定的动作力度。

5. 达标成绩：5 分以上。

四级：

1. 测定内容：见《规定动作》四级（另发）。

2. 动作速度：24 拍/10 秒

3. 动作时间：5 分 ±5 秒

4. 动作要求：动作技术基本正确，身体姿态好，动作协调轻松、自然流畅，有一定的动作力度，较好地体现出音乐的情绪。

5. 达标成绩：5 分以上。

五级：

1. 测定内容：见《规定动作》五级（另发）。

2. 动作速度：24 拍/10 秒

3. 动作时间：4 分 ±5 秒

4. 动作要求：动作技术准确，身体姿态好，动作轻松协调、自然流畅，较好地体现出音乐的情绪，并表现出一定的激情。

5. 达标成绩：5 分以上。

六级：

1. 测定内容：见《规定动作》六级（另发）。

2. 动作速度：26 拍/10 秒

3. 动作时间：3 分 30 秒 ±5 秒

4. 动作要求：动作技术准确，身体姿态好，动作规范、协调轻松、有力度，能体现出音乐的情绪，并初步形成个人的风格。

5. 达标成绩：5 分以上。

说　明

一、制定《全国健美操大众锻炼标准》（以下简称《锻炼标准》）的依据。

（一）健美操作为实施《全民健身计划纲要》的一个重要措施，已得到广大群众的认可。

（二）作为一项以健与美为基础的体育项目，健美操满足了大众追求健康、追求美的需求，深受群众的欢迎，因而具有广泛的群众基础。

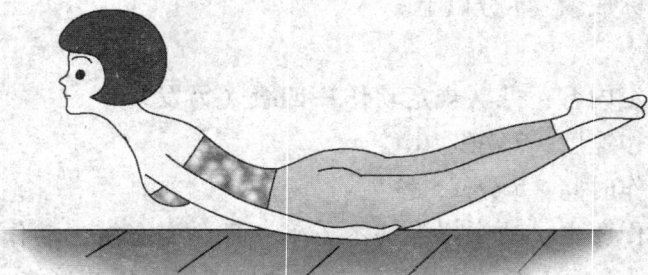

（三）大众性健美操简单易学，健身效果好，无特设的场地、器材要求，易于开展，易于普及，易于测试，具有较强的可操作性。

二、制定《锻炼标准》的原则

大众健美操以健身娱乐为目的，以个体条件为基础，注重参与意识和锻炼的自我检测，淡化竞争意识。因此，测定成绩只设定为"达标"与"未达标"，同时又制定了较严格的标准供参加者自我提高。

三、《锻炼标准》的创编原则

（一）有氧原则：

健美操在国外一直被称为"有氧体操"，是众多有氧运动的一种，因此在《锻炼标准》的创编过程中充分考虑了"有氧"的因素，注意运动过程中运动负荷始终保持在有氧的范围内。通过多种组合练习，以提高心肺功能、影响人的整体为基础，达到锻炼身体、增强体质、健美形体的目的。

（二）无损伤原则：

大众健美操的锻炼目的是增强体质、增进健康、塑造美的形体，并形成良好的心理状态。因此，在选择动作时，注意避免使用高难度动作和超负荷动作以及运动范围过大的动作，以确保无损伤，并有益健康。

（三）简单易学原则：

《锻炼标准》的实施对象是一般群众，其目的是使更多的人参与到健美操运动中来。并在锻炼的同时，掌握相关的健美操知识、基本技术与风格特点，从而推动健美操运动的发展。因此，在动作的选择

上注重简单易学和实效性，使之便于开展普及。

（四）循序渐进原则：

各等级之间保持有机的联系，在保证合理的运动负荷的基础上，运动量和难度逐渐加大。动作由简至繁，幅度由小至大，速度由慢至快，练习步骤由分解至完整。

（五）提高人体基本素质原则：

根据不同等级的任务和技术要求，通过基本动作、组合动作和力量素质的教学，提高人体的力量、柔韧、协调、灵敏等基本素质和基本能力。

四、《锻炼标准》的级别、层次与对象共分为 6 个等级，4 个层次。

（一）等级水平由低到高分别为一、二、三、四、五、六级。

（二）层次：一级为入门

二、三级为初级

四、五级为中级

六级为高级

（三）对象：一级面向大众

二、三级面向有意参加健美操锻炼者

四、五级面向健美操爱好者

六级面向有意于健美操深造及准备进入竞技健美操训练者

五、对各级别的要求

（一）一级

1. 学习以步伐为主的最基本动作，步伐以单一、原地动作为主。

2. 进行低强度的有氧训练。

3. 素质以辅助支撑的俯卧撑、低强度的仰卧起坐和低负重的力量练习为主。

4. 学习和了解健美操的常识。

（二）二、三级

1. 掌握基本动作。

2. 学习健美操典型动作。

3．以下肢简单动作配合上肢简单动作为主。

4．保持中低强度有氧训练。

5．素质以上肢、腰、腹、臀部的力量和弓步及各部位拉伸练习为主。

（三）四、五级

1．掌握健美操典型动作。

2．学习健美操复合动作及简单的步伐变换技术及跳跃技术。

3．提高身体的协调性。

4．提高运动负荷，保持中等强度的有氧训练。

5．素质训练以塑造形体为主，增加柔韧的练习方法。

（四）六级

1．掌握复合动作的变化规律，巩固已掌握的步伐变换技术及跳跃技术。

2．提高动作的表现力。

3．加大运动负荷，以中等强度的有氧训练为主，达到减脂的目的。

4．提高肌肉力量，并进一步塑造其形态，加大动作的空间位移，展现良好的协调性。

六、评定因素

（一）动作的正确性

1．身体姿态要舒展。

2．动作技术要正确。

3．动作范围要适当。

（二）身体的协调性

1．全身协调运动。

2．动作轻松、有弹性。

3．动作清晰，无多余动作。

4．动作避免过分松弛或过分紧张。

（三）连接动作的流畅性

1．动作之间的连接要自然、流畅。

2．动作的转换及方向的变化要干净利落，无多余动作。

（四）节奏感

1．动作要充分表现音乐情绪。

2．动作和音乐节奏要配合协调。

3．一连串动作的节奏要准确。

（五）表现力

1．动作要展示内心的激情，体现一种健康、向上的情绪。

2．提倡个人风格的表现力。

七、扣分标准：

见国家体育总局体操运动管理中心制定的评分办法。

第十九章 浅谈健美操与健身秘诀

第一节 健美操运动的伤害与防止

一、 什么是运动损伤

在运动的过程中或之后发生的各种伤害，叫做运动损伤。

健身的目的是为健康，但由于不正确的锻炼方法造成运动损伤这就不值得了，所以我们必须了解一些运动损伤的产生原因和预防措施。参加有氧运动，首先要考虑的是以自身的条件是否适合有氧运动，并了解自己的身体检查情况：有心脏或其他因参加运动会使病情加重的人，应该先治病或参加康复锻炼，之后才能参加锻炼。

二、 健美操运动会产生哪些运动伤害

肌肉韧带拉伤、关节扭伤、心力交瘁、运动疲劳、重力休克、心绞痛、中风、运动腹痛、脚底筋膜炎和神经刺痛、籽骨炎、肌腱、小腿肌痛、半月瓣症、关节炎、黏液囊炎、腰肌劳损、颈椎疾病、胫骨膜炎等。

三、 预防损伤的 10 个主要方法

1. 暖身运动：走、踏步、分并跳、伸展等。
2. 使用适当和慢的方法，听取教练的建议。
3. 学习防止运动损伤的技术和理论。
4. 投资运动鞋、扶腕、护膝等。
5. 10%增加的原则，一周内不要增加频率、强度、持续时间过10%，循序渐进。
6. 保持有氧运动和无有氧运动的锻炼均衡。同时参加一些力量和柔韧练习防止受伤。
7. 你的身体需要时间去恢复，锻炼但不使身体受伤。
8. 运动前不要空腹、运动的前、中、后要饮足够的水。
9. 参加不同的训练，如交叉训练锻炼不同的肌肉群。
10. 根据自己的身体及时调整运动，如果在某部位运动产生酸痛，可以考虑减轻运动或停止。

四、 产生运动损伤的原因及预防方法

1. 肌肉韧带拉伤。
内因：训练水平不够，柔韧、力量、协调性差，生理结构不佳。
外因：准备活动不充分，场地、气温、湿度、上课内容不好，教练专业水平不够。
预防：选教练、场地及适当的课程，在正常天气情况下锻炼、准备活动充分、循序渐进。
处理：24 小时前为急性期，停止运动、冷敷、包扎、抬高受伤部位。
24 小时后为恢复期：配合按摩、微动、康复或恢复性锻炼。
2. 关节扭伤。

内因：技术掌握不好、协调性差，关节周围肌肉力量小、生理结构不佳、疲劳产生体力差。

外因：准备活动不够、场地滑、器材使用不当、教练和训练内容不好（动作速度快、转、跳多）。

预防：准备活动充分、了解设备使用、循序渐进，让教练或自己速度放慢。

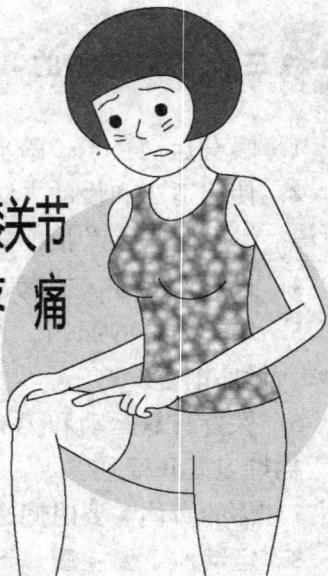

膝关节疼痛

处理：24 小时前为急性期，停止运动、冷敷、包扎、抬高受伤部位。

24 小时后为恢复期，配合按摩、微动、康复或恢复性锻炼。

3．心力交瘁。

表现：人发冷、多汗、脸色白或红、头痛、晕、虚、筋疲力尽。

预防：教练或练习者要注意运动量的控制。

处理：离开热的地方，宽衣、湿衣。清醒后给他慢喝些水，注意观察，病人当天不要多运动。

4．运动疲劳。

表现：心悸、心动过速，运动后血压、脉搏恢复慢，内脏不适、血尿等。人发冷、多汗、脸色白或红、头痛、晕、虚、筋疲力尽。

原因：训练方法不对、没有循序渐进、系统训练，运动量大、训练时间多长、休息不充分等。

预防：安排合理的训练时间、计划，注意劳逸结合。

处理：调整锻炼计划，运动量循序渐进进行系统训练、全面训练。

5．重力休克。

表现：头晕、眼发黑、心难受、脸苍白，手发凉，严重时晕倒。

原因：动时血液都供应下肢，突然静止运动时静脉回流不够，脑缺血缺氧，产生脑贫血。

预防：强度运动后不要马上停止运动。

处理：让患者平卧、脚垫高、头低于脚，从小腿顺大腿按摩。

6．心绞痛。

表现：心绞痛经常表现在腿和腹部的疼痛和抽筋现象。

原因：经常在冷的地方锻炼，喝冷饮料，不做伸展运动和按摩，不喝盐水会使病情更严重。

预防：注意选择良好的锻炼环境，准备活动要充分，在室内有空调的健身房。

处理：休息，让练习者在良好的环境去。

7．中风。

表现：严重心脏疾病，人体功能受影响，皮肤干、红、热现象，脉搏快、弱，呼吸浅等。

处理：有知觉者：适量喝水、宽衣，如呕吐就不要给流质食物，打电话送医院等。

失知觉者打电话呼救，让他侧躺，观察呼吸，冰块放在腕、踝、腋、颈脉处，不按摩。

8．运动腹痛。

原因1：肝脾淤血，慢性腹部疾病。

原因2：呼吸肌痉挛（准备活动不够，肺透气低，运动与呼吸不协调）。

原因3：胃肠痉挛（运动前吃得过饱、饭后过早运动，空腹或喝水太多）。

预防：运动前健康检查，合理安排运动饮食，吃饭前后1小时运动，不空腹、喝水太多运动。

处理：减慢运动速度、加深呼吸、调整运动呼吸节奏、手按疼痛部位，实在不行停止运动。

口服减痉挛药物（阿托品、十滴水）。

9．脚底筋膜炎和神经刺痛。

表现：脚底频繁压力过多产生的疼痛。

原因1：套路不适合、鞋子问题、脚的生理结构不好。

原因2：钙沉淀在脚跟骨上，脚底筋膜炎和神经刺痛。

预防：准备活动要充分（包括脚部的准备活动）。

处理：注意放松、休息、按摩、热水澡。

10. 籽骨炎。

原因：运动中突然的重压力在籽骨上，造成骨折和发炎。

预防：选择有缓冲的鞋子和缓冲力纠正。

11. 肌腱、小腿肌痛。

原因：经常提脚跟造成的。

预防：运动前后的准备活动和放松要多伸展肌腱、小腿肌可以防止损伤和减轻疼痛。

处理：注意放松、休息、按摩、热水洗，伸展助减痛等。

12. 半月瓣症。

原因：一般由过度膝部动作、跑步造成的，半月瓣症常会有"咔"的响声。

预防：减少过多的膝部动作，减少转体、跳等的撞击动作。

处理：注意放松、休息、按摩、热水洗。

13. 关节炎、黏液囊炎。

原因：过度训练，

处理：休息和看医生。

骨关节炎是由于软骨的磨损使关节肿大、水肿。

风湿性关节炎是由于人体的免疫系统疾病造成的。

14. 腰肌劳损。

原因：练习方法不当（如仰卧起坐时不屈腿），急于求成运动而疲劳损伤。

预防：学习正确的动作技术，不急于求成。

处理：注意放松、休息、按摩、热水澡。

15. 颈椎疾病。

原因：练习方法不当（如仰卧起坐时不抱颈），颈部运动过多而疲劳损伤。

预防：学习正确的动作技术，颈部运动不要过多。

处理：注意放松、休息、按摩、热水澡。

16．胫骨膜炎。

表现：胫骨前骨膜与骨有剥离的感觉，产生疲劳、酸痛。

原因：练习方法不当，地面不平等，小腿的肌肉发展不平衡，突然的压力。

预防：学习正确的锻炼方法（如不要长时间的连续跳跃动作、上下踏板动作）。

处理：注意全面锻炼、练习后要放松、休息、按摩、热水洗，做伸展练习减疼痛等。

第二节 腰腹恰恰健美操

以锻炼身体、快乐心灵为理念又不失其拉丁风格、特点，结合健身操基本动作和步伐，成为一种健身时尚。拉丁健身操中最有特色和代表性的就数恰恰健身操，其特点是四拍五步，曲调欢快有趣，动作具有诙谐而花哨的风格，手臂配合紧凑，给人一种俏皮而利落的感觉。只要你利用美感、神韵进行操化练习，一定能增强机体的心、肺功能，对美容、延缓衰老均有功效。每天只需花20分钟，坚持练一段时间，腰腹就会变细，身体更加健美。下面介绍一组恰恰拉丁健身操套路小组合。

第一节：

1拍，右脚向后一步，左脚点地，重心落在右脚，两臂弯曲放在腰间自然摆动。

2拍，重心前移落在左脚。

3~4拍，向右采用并合步的节奏原地向下跺脚。

5拍，左脚向前一步，右脚点地，重心落在左脚，两臂弯曲放在腰间自然摆动。

6拍，重心后移落在右脚。

7~8拍，向左采用并合步的节奏原地向下踩脚。

第二节：

同第一节动作。但3~4拍、7~8拍分别向左向右并合步。

第三节：

1拍，右脚在左脚左侧方点地，重心随之前移，同时身体左转90度，右手五指轻扶右胯且肘外展，左手手心向下并左斜上伸直拉起。头看7点。

2拍，重心随之后移落至左脚，同时身体右转90度，两臂弯曲放在腰间自然摆动。

3~4拍，向右并合步。

5~8拍同1~4拍，但方向相反。

第四节：

同第三节动作。但手臂的单臂变为双臂在头上拉起手心向下。

第五节：

1拍2拍，面对1点，右脚、左脚依次交叉前走两步，两臂自然弯曲摆动。

3拍4拍，右脚尖微前点地提膝提胯左右摆胯两次，两手五指轻扶胯两侧且肘外展。

5~6拍同1~2拍。

7拍8拍，右脚尖微前点地提膝提胯左右摆胯两次，同时双臂在头上拉起手心向下，头看1点。

第六节：

1拍，左臂侧平举成立掌，右手五指扶胯肘外展。右脚在左脚外点地同时体左转270度。

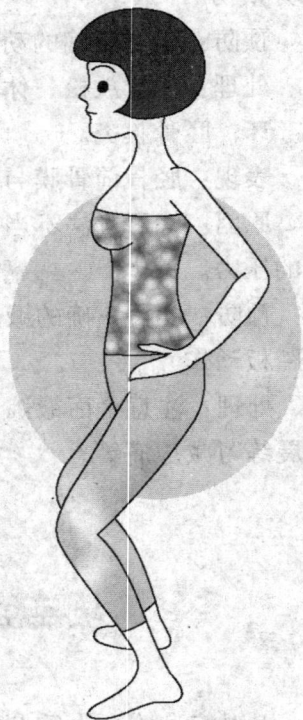

148

2 拍，左脚点地同时体继续左转 90 度，手臂向上，面对 1 点。

3 拍 4 拍，向右并合步。

5 拍，左脚尖经前在右脚外侧点地，两手臂自然侧，面对 1 点。

6 拍，定点转 360 度。

7 拍 8 拍，向左并合步。

第七节：

1 拍，右脚后撤一步，左脚抬起脚尖向下，两臂体前交叉。

2 拍，左脚落下。

3 拍 4 拍，向右一次并步跳，两臂体侧平举。

5 拍，左脚向体前一步体右转 90 度重心前移落在左脚上，左手扶胯肘外展，右手手心向下向右斜上方拉起，面 1 点。

6 拍，重心后移落在右脚上。

7 拍 8 拍，向左并合步

第八拍：

1~2 拍，面对 8 点，右肩、右手、右脚在前的搓步。

3~4 拍，左肩、左手、左脚在前的搓步。

5 拍，右脚尖前点，左肩在前。

6 拍，向左定点转 180 度，面对 4 点。

7~8 拍，体左转 135 度即面对 1 点，作向右并合步，手臂自然摆动。

第三节 风靡世界的欧式健美操

现今欧美各国正在盛行一套起源于古希腊的"瑞典健美操"，这套操简单易学、行之有效，练后可使肌肉富有弹性，使人动作灵活和谐、体形健美。它还可治疗由于长期伏案工作而出现的腰背酸痛、僵硬和肌肉萎缩。练习时，可根据自己的身体情况，动作可快可慢，次数可多可少，时间可长可短。但不管怎么样，只要坚持经常练习，定能取得理想效果。现将其操练方法分项介绍如下：

一、 腹部运动

1. 席地而坐，双手体侧撑地，双腿并排伸直。先是双腿伸直、抬起，尽量靠向左肩；然后双腿放回原位，再抬起，尽量靠向右肩。如此反复练习，不但锻炼了腹肌，而且可防止腹部脂肪的堆积。

2. 屈膝仰卧，屈肘双手置肩上。坐起，躺平，如此反复做 20 次，可防止腹部肌肉松弛，使腹肌富有弹性。对减少腹部脂肪效果显著。

二、 背部运动

1. 仰卧，全身伸直。屈左腿，抱左膝，以前额去触膝盖，然后回至原位。再换右腿做同样动作，如此反复做 20 次。此动作可防止或纠正脊椎变形，并可锻炼下背部肌肉、韧带。

2. 跪姿，两手撑地，收腹、弓背、低头，身体成桥状，腰背肌肉绷紧，然后再放松。如此反复做 20 次。此练习能医治背痛，并可锻炼背部肌肉。

三、 腰部运动

1. 直立，两腿伸直，高前弯腰，双手触地，然后抬起成直立姿势，反复做 20 次。此动作可使腰部灵活，减少腰部脂肪，促进全身血液循环。

2. 两腿分立与肩同宽，两臂左右侧平举，先向左侧弯腰，再向右侧弯腰，如此反复做 15 次。此动作可锻炼腰部肌肉，保持腰部健美。

四、 腿部运动

1. 屈膝下蹲，两手触地，左腿离地侧伸。以右脚为轴全身旋转15次；然后收拢左腿，右腿离地侧伸，以左脚为轴全身转15次。

2. 右侧卧，左腿伸直尽量上举，再放下，反复做20次，然后左侧卧，举右腿。此动作可锻炼大腿内侧肌肉，通常，腿内侧肌肉最易松弛。

第四节 运动损伤与运动环境

一、 热天运动

在大热天运动，穿少的衣服可以透气和出汗。一些特别为减肥设计的"出汗衣"、"裹肚衣"等对人体的健康是相当不利的。这种减肥只是减水分，随人体的水摄入又马上体重恢复。

在潮湿的时候或地方训练，由于汗不易排出体外，不利人体降温，这对心脏很不利。

在热天，充足的水分对心脏有益，这样身体可以通过排汗降体温，通常在运动前喝一、两杯水，在运动中10~15分钟喝少量水。

人体对脱水的反应要慢，当感到口渴时，人已经脱水了。少量脱水影响动作，大量脱水影响生命。运动中的大量脱水会导致人的抽筋。

二、 冷天运动

冷天运动，在人未暖时要多穿衣服，等暖身后再脱衣服。

心脏疾病通常发生在户外工作、户外运动时或在老年人、孩子身上，他们可能服用了有脱水作用的利尿剂药物而产生疾病。

三、 温度、 湿度与运动疾病的关系

1. 心绞痛、心力交瘁潜在的环境：（34 度、湿 20%）、（31 度、湿 50%）、（28 度、湿 100%）。

2. 心绞痛、心力交瘁可能的环境：（41 度、湿 20%）、（34 度、湿 60%）、（31 度、湿 100%）。

3. 中风逼近的环境：（49 度、湿 20%）、（43 度、湿 40%）、（33 度、湿 100%）。

四、 与运动环境有关的疾病

1. 心绞痛：

原因：主要在冷的地方锻炼，喝冷饮料，不做伸展运动。

表现：在腿和腹部有疼痛和抽筋现象。

处理：按摩、喝盐水会使病情好些。

2. 冻疮：皮肤出现微黄色，对痛觉冷淡，急救方法用温水，不用按摩，严重看医生。

3. 降低体温：会危及生命，预兆有心力交瘁、头晕等。方法是送医院并用衣服温暖病人。

4. 中暑：由于天气热、脱水等原因造成的。

方法是到阴凉处休息、喝水、送医院等。

第二十章　健美操对青少年身体的影响

第一节　健美操对身体形态、机能等影响

　　健美操是多功能、高价值的运动项目，对强身健体作用明显，它能使参加运动的人达到提高肌肉、骨骼，而且在肌肉运动的刺激下使呼吸、循环等内脏器官和神经系统获得正常生长和充分发达。同时也是塑造人体形态的有效手段之一。

一、对身体形态的影响

　　健美操是全身运动的体育项目，对身体各部位都有良好影响，其全身的活动非常均衡。对青少年的成长发育有明显的效果。健美操的动作是以人体肌肉活动的有效手段和形式产生的负荷作用于人体，可使肌纤维变粗并坚韧有力，增加了蛋白质及糖原储备量，匀称、协调地发展肌肉、骨骼和关节。既改善和提高人体各部肌肉及关节的速度、灵敏、耐力，又能增加骨骼的抗折、抗曲、抗扭转能力。

　　健美操的每一个动作，都有效地训练了身体各部位的正确姿态，有利于塑造青少年的体态和气质。其中，对柔韧性练习和身体基本姿态的训练，有利于挺胸立腰的端正体态，各种波浪转体等动作有助于发展腰腹肌肉，促使腰腹灵活、刚健、有力，从而展示、衬托人体美

153

的曲线。而各种方向踢腿动作和髋部运动可使臀部肌肉结实有力、略显上提，给人以重心提高、双腿健美修长的感觉。这说明健美操有利于青少年体形的改善。

另外，健美操可降低人体多余的脂肪含量，改变青少年的形体姿态等身体条件。

二、 对身体机能的影响

健美操锻炼可使心肺功能得到明显改善和提高。健美操的编排严格遵循人体运动的生理规律，运动负荷由大到小、动作由易到难、强度由弱到强，达到和保持一定量后又逐渐减少负荷量，健美操运动中，其心率的变化是由低—高—低—平静。健美操运动是快节奏、大负荷的有氧代谢运动，氧气摄入量大，对人体吸氧、运氧、储氧和用氧能力得到明显的提高。

三、 对身体素质的影响

身体素质是掌握运动技术和提高运动成绩的基础，长期坚持健美操锻炼可以使各项身体素质得到明显提高。所以健美操可用来作为提青少年素质成绩的科学手段和途径，健身的全面性及均衡性是健美操的最大特点，它是一项全身的、快节奏、大负荷的运动，对人体产生一系列的作用和影响。头、肩、腰、腿及关节的活动，有利于身体的协调性和柔韧性。

健美操随着音乐强有力的节拍，突出了节奏和力度的结合，动作频率和负荷强度有节奏的变化，对韧带、肌肉将产生卓有成效的锻炼。由走、跑、跳等基本动作、难度动作和操化了的其他动作组合编排而成的活泼运动，不仅促进直接参与活动的肌肉和力量的发展，而且也能促进内脏器官和神经系统的提高。

　　由于肌肉的不断发达，内脏器官功能的不断提高，从而不断挖掘机体内部的潜力，达到提高身体素质的运动目的。

第二节　对血液系统及淋巴细胞的影响

　　1. 对血液系统。健美操训练引起机体的适度运动应激，构成对骨髓、脾和淋巴结等造血器官的良性刺激，可以促进体内红细胞生成素和类似红细胞生成素的白细胞刺激因子的分泌，加速血红蛋白和红细胞的生长成熟，导致血液系统出现生理的适应性变化，从而增加血液与免疫系统功能。

　　2. 健美操训练对训练者的柔韧性和身体平衡能力的不断反复持久刺激，加强了机体的反应能力，分析结果证明了这一点。

　　3. 青少年参加完健美操训练后，普遍都会反映精神振奋、心情舒畅、睡眠加强、食欲增加、身体素质提高、思维敏捷、学习效率明显提高、不易疲劳、学生的身体姿态及音乐的节奏感均有改善。

第三节　健美操适合在中专学校开展

一、　健美操的特点适合中专学生的实际情况

　　适合中专学生的生理特点。健美操是全身运动的体育项目，能锻炼身体各部位动作舒展、自然、协调。现行的成套健美操一般都是由头颈、四肢和躯干、跳跃等动作组成。它能发展肌肉力量、速度和弹性，发展关节韧带的柔韧性，发展心血管系统和呼吸系统的机能。同

时，健美操讲究造型美、动作美观大方、活泼奔放、富有力度、准确到位。其每一个动作都能有效地训练身体各部位的正确姿态，培养健美的体态和高雅的风度，塑造健美体形。

另外，成套健美操练习是在音乐伴奏下完成的。音乐的明显节奏，不但给健美操带来了生气，也使动作更富有美的色彩，使人在欢快的气氛中得到锻炼，陶冶情操。

适合中专学生特别是女生的心理特点。优美的现代音乐和舒展的节律化运动能陶冶情操，使学生身心健康协调发展。在体育课中用音乐伴奏，随着节奏的变化，协同身体的动作，表现学生丰富的想象力，使动作更有韵味和活力。这样，通过大脑皮层加强运动中枢的兴奋性，促使参加运动的身体各环节运动节律化，使调节能力得到提高，从而减轻大脑皮层的疲劳，促进学生身心健康发展，培养内在气质。

培养正确的审美观。健美操是一项审美价值很高的运动项目，通过各种练习可以培养和提高女生对身体美、运动美、姿势美、神情美、音乐美、心灵美的感受与表现力，有助于树立正确的审美观和提高艺术修养。此外，在健美操表演或比赛时，在悠扬的音乐声中，练习者表现出连贯流畅、舒坦优美的动作和富有感情色彩的表演，可以给观众以美的感受，使其得到视觉和听觉的双重享受。由此可见，该运动起着审美教育的作用。

陶冶情操，培养青少年高尚的品质和高雅的气质。学校健美操的训练是以健身为基础、竞技动作为提高、形体训练为主要内容，形体训练内容与之相适应的学生年龄特征构成了学校健美操对女生气质影响的主要原因。

爱美是人的天性，心理和生理极具可塑性的学生更是如此。形体教学融健身、健心、健美为一体，对塑造体形美、姿势美具有不可取代的作用，学校健美操教学与训练正是通过塑造女生的内心情感，而达到外在姿态的高雅美，形成内在气质与外在美的协调统一。

培养学生终身体育观念。健美操的教学，使体育课形式丰富多彩，打破了以往那种固定内容的教学模式，能在锻炼身体的同时，发展人的想象力和表现力，找到属于自己的一份自信。健美操活动不受时间、场地、器械的约束，它的运动范围很广泛，可成为终身运动。

二、 适合学校体育设施现状

体育教学是每个学校不可缺少的教学内容之一。但从目前大部分学校的现状来看，许多学校由于经济等原因，体育设施未能到位，体育场馆不完善，这就限制了体育项目的全面开展，使学生无法得到全身锻炼。而健美操是学校和个人都投资较少的体育运动项目，只需有一块空地，就可以进行个人练习或集体练习，达到锻炼的目的，具有投资少、受益大的特点，较易开展。

丰富校园第二课堂生活。开展健美操教学可吸引中专学生学习形体、健美活动，在体育课内外和兴趣班都可练习，这可给学生多了美的享受和美的启示，同时丰富了校园文化生活，也开阔了学生眼界，便于学生了解、欣赏竞技健美操。

改变体育教学单一化的教学方式。运用到体育课，就改变了以往常规体育课的单一化、程序化，丰富了体育课的形式及内容，积极引发了学生运动的兴趣，而且更主要的是，健美操的锻炼效果较好于一般常规体育课活动的锻炼效果，对学生的基本活动能力和身体素质的提高起到积极作用，并有效锻炼了学生的协调性、节奏感，符合中学生身心发展规律，适应了现代社会发展的需要。

长期坚持健美操锻炼，能够使心血管和呼吸系统机能增强，各项身体素质显著提高，特别是下肢力量和有氧耐力提高幅度明显。健美操锻炼能够在美妙的音乐伴奏和轻松愉快的气氛中达到较大的运动负荷，消耗体内多余脂肪，改善身体形态和身体成分，有助于青少年保持健美的体形和健康的体质。

第二十一章 健身营养

一、营养

营养的概念

营养来自食物，食物中含有多种能供给人体从事劳动和维持生命、保持体温、使细胞生长发育与修缮、调节生理功能的物质。科学饮食要多样化，不能偏食、厌食等。掌握科学饮食与锻炼也是保持健康身体的必要条件。

营养的作用

营养对维持人体健康有很重要的作用。良好的营养可使身心健康、保持正常体重，使人精力充沛、永葆青春。营养过少不能满足机体活动，会导致营养不良、抵抗力降低、体弱多病。营养过剩也会引发种种疾病，易造成"现代文明病"等。

构成分类功能缺乏过量成人摄入量食物。

二、六大营养物质

碳水化合物（糖）

1. 碳水化合物（糖）在人体中的比例1%～2%。构成分类功能缺乏过量成人摄入量食物来源，人体每天每公斤体重需要7.5g。

2. 人体最重要的单糖是葡萄糖。

糖的分类：单糖、双糖、多糖。

单糖（葡萄糖、果糖、半乳糖）：味甜、易被人体吸收。

双糖（蔗糖、麦芽糖、乳糖）经消化酶作用分解为单糖。

多糖（淀粉、纤维素），味不甜经淀粉酶分解为葡萄糖。

3. 碳水化合物（糖）：人体最主要热能来源：每公斤碳水化合物产生4千卡能量，占人体总能量来源的40%～50%。

4. 碳水化合物（糖）构成人体组织细胞、调节脂肪代谢、肝糖原有助肝脏的解毒功能、糖蛋白能增强人体的免疫力。

5. 碳水化合物（糖）摄入过少：人会怕冷、易疲劳、机能衰退、体重减轻、低血糖症。

6. 碳水化合物（糖）摄入过多：会产生高血糖，易致糖尿病。

7. 碳水化合物（糖）来源：纯糖（红糖、白糖、蜜糖、麦芽糖）、谷类（大米、小米、面粉、玉米）、干豆类（黄豆、蚕豆）、根茎类（土豆、芋艿）、坚果（栗子、花生等）。

8. 碳水化合物（糖）与运动：单糖较易吸收，为维持肌肉耐力，可适当提高糖的摄取量。但多吃糖容易肥胖，肥胖者应适当控制，但完全拒吃含糖物质或淀粉物质这是错误的。多糖吸收过程复杂，不易造成肥胖。

脂肪

1. 脂肪在人体中的比例是10%～15%。一般食物中脂肪占人体总能量来源的20%～25%（不宜超过30%），每天每公斤体重需要1～1.5克。

2. 甘油三酯是脂肪的主要成分，分类饱和脂肪和不饱和脂肪。

3. 饱和脂肪：动物性脂肪（牛奶、猪油、牛油、鸡油）含有摄取太多容易引起动脉血管硬化或心脏方面的疾病。

4. 不饱和脂肪：比如植物性脂肪（大豆、花生、菜子、芝麻、玉米）含酸，摄取太多也会引起肥胖等后遗症。

5. 脂肪供给人体的能量最大，每公斤脂肪能产生9千卡能量。

6. 脂肪作用：保护皮肤、内脏、保持体温、构成人体组织细胞、促脂溶性维生素溶解、吸收利用、影响组织功能。

7. 脂肪摄入不足：不利于人体器官组织中的细胞构成、不利于溶脂性维生素的吸收等。

8. 脂肪摄取太多易引起动脉血管硬化等疾病，血脂、胆固醇过高与此有密切的关系。脂肪过多会影响耐力及蛋白质和铁的吸收。

9. 脂肪的食物来源：纯油脂（豆油、花生油、猪油、牛油、鱼油、菜籽油、芝麻油、玉米油）、肉类、蛋黄、坚果类（核桃、花生、瓜子等）、奶油、白脱油等。

蛋白质

1. 在人体中的比例是 15% ~ 18%，常人每天每公斤体重需 0.8 ~ 1.2 克，而运动员则需 2.5 克左右。

2. 氨基酸是构成蛋白质的基本单位，分完全蛋白质和不完全蛋白质。

3. 完全蛋白质含有人体所需的所有必需氨基酸（如动物肉等，98% 可被人体吸收）。不完全蛋白质：如植物蛋白（80% 可被吸收）。

4. 人体的必需氨基酸有 8 种，必需氨基酸人体不能自己合成，需从食物中获取（非必需氨基酸 12 种）。

5. 蛋白质能供给能量：每公斤蛋白质能产生 4 千卡能量。

6. 蛋白质构成组织细胞、参与组织修复、调节人体生理功能及生长发育、影响神经中枢活动、控制遗传、增强人体抵抗力。

7. 蛋白质摄入过少：会造成内分泌紊乱、消化吸收不良、体重减轻、抵抗力下降、易疲劳、贫血症等。

8. 蛋白质摄入过多：蛋白质不能充分吸收、代谢负担重。

9. 蛋白质食物来源：纯油脂（豆油、花生油、猪油、牛油、鱼油、菜油、芝麻油、玉米油）、肉类、蛋黄、坚果类（核桃、花生、瓜子等）、奶油、白脱油等。

10. 蛋白质与运动：长时间运动时，应注意防止大量的蛋白质流失，有效方法是适当增加碳水化合物的供应。参与健身运动的人，尤其在进行力量性运动时，对蛋白质的需要较高，特别在练习初期要供给充足的蛋白质。

矿物质

矿物质的特点：矿物质约占人体体重的 5% ~ 6%（碳、氢、氧、氮占总量的96％）。矿物质在人体中无法自我合成，必须由食物来提供。人体矿物质99％的钙、80％的磷、70％的镁都集中在骨、骨骼和牙齿中，矿物质可保持体内酸减平衡、维持细胞间液的渗透压，参与脂肪、蛋白质、碳水化合物的代谢，维持肌肉、神经、心脏的正常机能状态。

矿物质与运动：由于从事运动锻炼时机体热能代谢水平较高，人体大量出汗，使体内钙、磷、钾、铁排出量和消耗量增加，所以练习者运动后应及时适量的进行补充，以维持人体正常的代谢机能和生理需要量。

维生素

维生素特点：维生素又称维他命（Vitamin），在人体内虽然只是微量，只要少量就可维持动物体正常生长、生殖及健康。维生素必须通过活的有机饮食，而非一般碳水化合物、脂肪、蛋白质或矿物质，借由吸收微小的量即可供正常之代谢，维持健康。

维生素具有以下几个特点：大多数维生素不能在人体内自行合成，必须从食物中摄取。维生素不是机体的构造成分，不提供能量。有的维生素的性质很不稳定，易在食物加工和烹调过程中被破坏。摄取量要适当；少了，体内物质代谢会发生障碍，易出现维生素缺乏症及其疾病；过量，会造成体内代谢紊乱，引起维生素中毒。

维生素的分类：

1. 脂溶性维生素（溶于脂）：维生素 A、维生素 D、维生素 E、维生素 K。

2. 水溶性维生素（溶于水）：维生素 C、维生素 B 群、PP、叶酸、生物素。

维生素功能：促进生长繁殖、加强抵抗力、健全组织功能、促食欲、维持健康、促使长寿、精神旺盛，等等。

（1）维生素 A：助骨骼、牙齿发育，保护视力、皮肤，增强人体抵抗和免疫力，防癌、抗癌。

（2）维生素 B_1：构成辅酶、参与碳水化合物代谢、护心、维护能量代谢、提高运动能力、预防过度疲劳、维持神经系统、增食欲。

（3）维生素 B_2：维护体内物质代谢正常进行，有助肌肉发育，护视力、皮肤及口舌。

（4）维生素 B_3：使人乐观、治疗精神病、促进神经、消化系统，构成辅酶、参与蛋白质、糖类、脂肪代谢，防心血管疾病。

（5）维生素 B_6：参与氨基酸的代谢转化生合成、维持脑部正常功能、维持血液中镁、胆固醇的正常防止贫血、蛀牙、肾结石。

（6）维生素 B_{12}：造血功能、防止脂肪肝，维持胃肠道、神经系统、骨骼的正常功能。

（7）维生素 C：维持新陈代谢、增强免疫抵抗力、防过敏、防癌、解毒、助齿、骨发育，治贫血、愈伤口、护视力、养颜美容。

（8）维生素 D：促进人体对钙、磷吸收利用，助骨骼、齿发育，松弛神经、缓解疼痛、助维 A 吸收，防骨质疏松症、结膜炎。

维生素 E：延缓衰老、防动脉硬化，防心血管疾病、提高抵抗力、防癌、促新陈代谢、增耐力，提高体力、缓解疼痛。

（9）维生素 K：促进血液凝固，制止出血，增加骨密度，促进骨化。

维生素与运动：健美操运动的代谢特点是热能与各种营养物质的消耗大，能量代谢以有氧氧化为主。因此，为使练习者的血红蛋白和呼吸酶处于较高水平，体内糖储备充足，提高机体运动能力，人体需要补充较多的维生素 C、B_1、B_2、E 等。

水

1. 水的特点：水是生命之源。在人体组织成分中含量最多，人体

内所含的水约占体重的 60% ~ 70%，对人体有非常重要的作用，是维持人体正常生理活动的重要营养物质。

2. 水在人体中分布很广：肌肉重量的 65% ~ 75% 是水，脂肪重量的 25% 是水。水主要储存在细胞内液（其中 62% 左右是水）和细胞外液（如血液中 90% 以上是水，还有淋巴、唾液、皮肤和肾脏分泌的体液等）。

水参与物质代谢过程，有助于物质的消化、吸收、生物氧化及排泄。调节体温，保持人体的正常温度。是器官、关节及肌肉的润滑剂。保持腺体分泌，充实体液。

3. 水的需求量、来源：人对水的需求量与人的体重、热能消耗成正比，消耗每卡热能需要 1 毫升的水分，每公斤体重需要 30 ~ 40 毫升的水分，如 70 公斤的人需要 2100 ~ 2800 毫升水。正常情况下，人体内水分的出入量是平衡的。一个健康的成年人每天约需 2000 ~ 2700 毫升水（包括饮水、食物中的水、代谢中产生的水）。若饮水过少，会使血液浓缩，不利于血液循环及营养的吸收。人体若丧失 20% 的水分就会有生命危险。

在炎热、高温、发烧和体力劳动量大的情况下，饮水量应相应增加。喝水是人体所需水分的直接来源，如喝白开水或茶水。但人体内氧化时也能产生水，而且人体需要的水还可从饮食中取得，如大米含水 15%、肉类含水 50% 等。

4. 水与运动的关系：

运动期间和前后。体重因流汗而减少 2% ~ 3% 时，血液量下降，会明显影响人体的运动能力等，所以要及时饮水，并以少量多次为原则。同时应饮接近血浆渗透压的淡盐水或饮料，以保持体内水盐的平衡（但为了减肥，尽量要以水为主）。

第二十二章 健美操著名教练简介

方 娅

1999 年，毕业于成都体育学院，国家级健身指导员；国家一级健美操裁判。1999 年、2000 年，中国十佳健身小姐，1999－2001 年，在广东卫视健身、健美操节目中担任主要表演人员；2002 年，公派到美国春田大学学习舞蹈、健美操及运动医学等方面的课程。2000 年，中山大学健美操队组建以来，一直担任教练工作，曾多次带队参加各类比赛、表演，获得优异成绩，在 2001 年的全国首届大学生啦啦操赛中被评为优秀教练，并在 2003 年的广东省第六届大学生运动会中带队取得健美操甲组团体第一、乙组团体第五的好成绩。

8 月份，在昆明举行的全国健美操锦标赛中，所带领的混双项目取得全国前八名，两名队员通过了健美操国家一级

运动员标准。

吴丹宁

从事健身、健美运动达四年，获中国健美协会颁发的国家一级健身指导员证书，有丰富的教学指导经验。专长器械、健美及减脂瘦身训练教学。

丁世平

持有国际体能私人教练证，区一级社会体育指导证，有着 10 多年健身、减脂、饮食搭配科学指导经验，让您少走弯路。真诚地为每位来锻炼会员、学员指导服务。

易　辉

持有中国健美协会颁发的国家一级健身指导员证书，擅长减脂增肥，塑造形体。

唐敏红

毕业于广西师范大学体育学院，体育教学学士，擅长健美操、艺术体操，曾多次参加全区、全国健美操比赛。2000 年，中越健美比赛最佳表演奖获得者。

赵 志 梅

曾用名赵琴，现任桂林工学院体育教师，同时任万年青俱乐部健美操教练。2001 年，毕业于广西师范大学体育系体育教育，主攻健美操和艺术体操，普修拉丁舞、街舞、踏板操、跆搏、啪啦啪啦舞等。获得广西艺术节健美操比赛二等奖；同时获得健美操、艺术体操等级证书及裁判证书。并于 2001 年 7 月应邀请参加广西少年儿童艺术体操裁判工作。

付 艳 梅

获全国健美操专业二级指导员证书，获广西壮族自治区体育经营专业技术人员资格证。主要擅长有氧健身操、踏板操。

鲁 素 红

毕业于扬州大学经济管理系。从事健身事业 8 年，擅长健美操、街舞等。其健身操集减肥、塑身、整理于一体，动作简单易学，轻松活泼。

附录　世界健美操锦标赛章程

总　　则

1.1　竞技健美操

竞技健美操定义：竞技健美操是在音乐伴奏下，完成连续复杂的和高强度动作的能力，该项目起源于传统的有氧健身舞。

成套动作必须展示连续的动作组合，柔韧性，力量与七种基本步伐的使用并结合难度动作高质量的完美完成。

健美操动作组合定义：以健美操基本步伐组合手臂动作形式，伴随音乐，创造出动感的、有节奏的、不间断的包容高低不同运动强度的一串儿动作。

成套动作的选择应达到期望的运动强度以体现心血管系统的有氧运动实质。

1.2　评分规则

A. 总目的

本规则的目的是保证健美操国际比赛评分的客观性。

B. 裁判员

裁判员必须与健美操事业密切联系，必须不断地扩展自身的实践知识，从事该项目工作的首要条件是：

精通国际体联评分规则

精通国际体联技术规程

精通新的难度动作

在国际体联正式比赛中担任裁判的首要条件是：

持近赛季的国际体联有效的裁判证书

在国家间比赛、国际邀请赛及国内比赛中成功地担任过裁判工作

必须被列入国际体联裁判员名单

必须精通竞技健美操知识并能在比赛中公正执法

全体裁判员必须做到：

出席全部会议、赛前指导会及汇报会

按比赛日程安排在指定时间到达赛场

正确着装

出席运动员技术指导会

在比赛时必须做到：

不离开指定座位

不与他人接触

不与教练员、运动员和其他裁判员谈论

按规定着装

（女：深蓝色裙或裤套服和白衬衫）

（男：深蓝色上衣、灰长裤、浅色衬衫和领带）

C. 高级裁判组

高级裁判组的工作是负责控制整个裁判工作，按照规则对裁判和裁判长的评分进行调控，以保证最后得分的正确性。记录各裁判打分的偏差。

如反复出现偏差，高级裁判组将有权警告或更换裁判。

违反高级裁判组和裁判长及评分规则的指示以及违反规则将被制裁，结果由国际体联竞技健美操委员会主席宣布。

违反规则包括：

故意偏离规则评分

有意维护一名或几名运动员

不遵守健美操委员会、高级裁判组及裁判长的指示

反复打出过高或过低分

不遵守有关比赛秩序与纪律的要求

未出席裁判员会议

不合适的着装

以下制裁将由高级裁判组或裁判长宣布：

口头或书面警告

停止个别比赛工作

以下制裁将由健美操委员会宣布：

停止一段时间的国际裁判工作

降低裁判员等级

收回裁判员证书

停止一段时间接受有关协会的裁决

1.3 竞 赛

性质

世界竞技健美操锦标赛是国际体联的正式比赛。

1．4　竞赛安排

A．周期

世界竞技健美操锦标赛每两年举行一次。

B．比赛日程世界竞技健美操锦标赛大体安排（举例）如下：

比赛不得早于上午 9：00 点开始和晚于 22：00 点结束。

比赛日程必须经健美操委员会认可并印制成工作表。

1．5　世界锦标赛报名程序参见技术规程及本评分规则的第二章 2．2 条款。

1．6　更换运动员

确认报名后不得更换运动员。只有严重的医学问题才能在比赛前 24 小时换人，并由国际体联医学委员会的官方代表决定。请求必须以书面形式提出，并附带详细的医学报告。

1．7　预赛与决赛

A．预赛参赛人数

预赛参赛人数为每国、每项最多两人或两组。

B．决赛参赛人数

各组（男单、女单、混双、三人、集体六人）参加决赛的人数为 8 人（组），

C．同分数判决

如预赛中最后一名运动员得分相等，将依次取决于下列得分：

最高艺术总分

最高完成总分

最高难度总分

考虑全部艺术分（不除去最高分与最低分）

考虑三个艺术最高分

考虑两个艺术最高分

同样适用于完成分

1．8　出场顺序

A．抽签

预赛与决赛出场顺序由抽签决定，抽签在比赛前六星期由中间人

担任。

B．弃权

运动员在开赛叫到后 20 秒不出场，将由裁判长减 0.5 分，60 秒后不出场为弃权，宣布弃权后运动员将失去参加本项比赛的资格。在特殊情况下，参见第七章。

1．9　设　施

A．训练场地

在开赛前一天，运动员可使用训练馆，馆中将设有相应的音响设备及比赛标准场地，根据组委会制定并经健美操委员会认可的轮换表使用训练场地。

B．等候场地

与赛台相连的一块特定区域为等候场地，等候场地只允许将出场的两名或两组运动员及其教练员使用，其他人员不得入内。

1．10　比赛场地

A．赛台

赛台高 80～140 厘米，后面有背景遮挡，赛台不得小于 14×14（平方米）。

B．竞赛地板和竞赛区竞赛的地板必须是 12×12（平方米），并清楚地标出 7×7（平方米）的单人、混双、三人的比赛场地以及 10×10（平方米）的集体六人场地。标记带为 5 厘米宽的黑色带，标记带是场地的一部分。

所用地板必须符合国际体联的标准，并由国际体联认可，只有经国际体联认可的地板方可用于比赛。

C．座位区

艺术裁判、完成裁判和难度裁判将坐在赛台正前方，视线员座位安置在赛台的两个对角，高级裁判组和裁判长坐在艺术裁判、完成裁判与难度裁判正后方的高台上。

裁判组 A									
艺术	完成	艺术	完成	难度	难度	艺术	完成	艺术	完成
1	5	2	6	9	10	3	7	4	8

裁判组 B									
艺术	完成	艺术	完成	难度	难度	艺术	完成	艺术	完成
1	5	2	6	9	10	3	7	4	8

裁判组 A		高级裁判组		裁判组 B		
记时员	裁判长	成员	主席	成员	裁判长	记时员

D．限制

在没有被大会组委会或 FIG 正式叫到之前，教练员和运动员禁止进入等候场地。

在运动员比赛时，教练员必须留在等候场地。

教练员和运动员禁止进入裁判区，违反规定者将由裁判长取消其比赛资格。

1．11　音乐伴奏

A．音响设备

音响设备应达到专业水准，包括常规设备和如下特殊装置：

运动员专用音响、常规放音设备以及带音调控制的数码放音设备。

B．录音

可以使用一首或多首乐曲混合的音乐，可使用原作音乐和加入特殊音响效果，音乐要录在普通或 CD 的 A 面开头，禁止磁带与磁带的转录。

自备两盘比赛用带，并且清楚地标明运动员姓名、国家与参赛

項目。

C. 音质

磁带录制必须达到专业化水准。

D. 音乐版权

国际体联和组委会不能保证播放原作音乐，必须把所使用的音乐、曲目、艺术家和作曲家的名字列单在确认报名时一起交到世界锦标赛组委会和国际体联秘书处。

1. 12　成　绩

A. 成绩公布与发放

每个裁判员给每个运动员的分数和最后成绩必须公之于众。在预赛结束后，各参赛协会必须得到完整的成绩复印件，结果中必须标出各裁判员的评分。

在整个比赛结束后，各参赛协会还将得到一份完整的成绩册。

B. 抗议

不接受对评分和结果提出的抗议。

C. 最后成绩

预赛成绩不带入决赛，决赛中得分高者名次列前。

若得分相等，名次将按顺序取决于下列标准：

最高艺术总分

最高完成总分

最高难度总分

考虑全部艺术分（不除去最高分与最低分）

考虑三个艺术最高分

考虑两个艺术最高分

同样适用于完成分

1. 13　奖　励

A. 仪式

见国际体联奖牌授予仪式的特殊规定，组织细节将由国际体联负责批准。

B. 奖励

第一名授予奖杯；前三名授予奖牌；进入决赛者授予证书；所有参赛的运动员和官员将被授予参赛者证明。

2.1　竞赛项目

A．项目数量

世界健美操锦标赛包括下列五个项目：

女子单人

男子单人

混合双人

三　人

集体六人

B．参赛人数

各项运动员人数和性别：

女子单人　　　　一名女运动员

男子单人　　　　一名男运动员

混合双人　　　　一名男运动员和一名女运动员

三人　　　　　　三名运动员，性别任选

集体六人　　　　六名运动员，性别任选

2.2　参赛资格

A．基本权利

可参加世界健美操锦标赛的运动员为：

其所属组织为国际体联的会员协会执行国际体联章程和国际体联技术规程

B．年龄

参加世界锦标赛的运动员参赛当年必须年满18岁。

C．国籍

运动员和裁判员更改国籍必须符合奥林匹克章程和国际体联章程，更改国籍将由国际体联执行委员会负责。

2.3　着装要求

A．外表

总的感觉应当是整洁与适宜的运动员外表，头发必须固定在头上。

参赛运动员必须穿具有适当减震功能的健美操鞋，两侧支撑保护，鞋中部可柔软的屈伸，鞋跟部固定，鞋带必须系好。

注意：禁止使用芭蕾舞鞋、摔跤鞋、爵士舞鞋、跑步鞋与表面有饰物的鞋。不允许使用悬垂饰物，例如皮带、飘带和花边。

不许使用任何道具（拐杖、皮筋、重物等），身体上不许涂画或用闪光材料，不允许在紧身衣上有任何装饰（如花、带），无论是松弛或是贴紧在服装上。

也不允许服装上由颜色的相互交织而形成的像领带、褶皱、动物或文字等字样。

B．着装

正确的健美操着装不含有任何的透明材料，因此用绳带连接紧身衣部分要有内衬（在胸部与躯干部）。

禁止穿有描绘战争、暴力、宗教信仰为主题的服装。

女装：

女运动员着一件套紧身衣和肉色连裤袜及运动袜，不允许穿上部、躯干分离的（两件套）服装或上部与躯干仅用绳带连接的服装。

前后领口的开口必须得体，前面不得低于胸骨中部，后面不得低于肩胛骨下缘。

腿部上缘的开口必须在腰部以下并盖住髂骨脊。

紧身衣必须完全盖住大腿根部；禁止 T 形裤。

男装：

男运动员必须着一件套连衣裤或背心、短裤及合体的内衣。

背心的前后不得有开口。

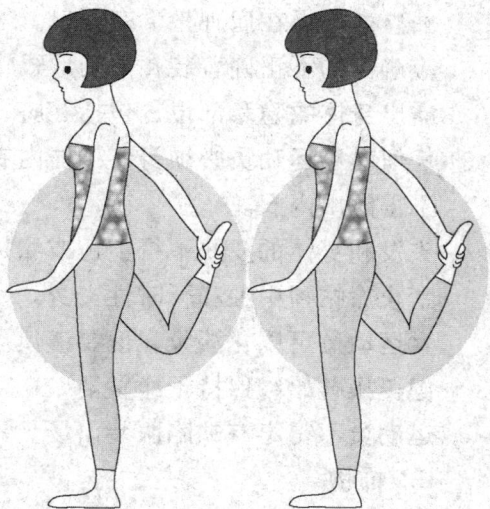

袖口处不得在肩胛骨下有开口。

应避免的不正确着装，下列形式将被减 0.5 分。

露出身体的隐私部位，包括肚脐、乳头和臀纹线。

任何时候运动员必须身着护体内衣。

不得露出内衣。

头发和身体的皮肤不得上色或涂抹亮光油。

禁止涂帖指甲油和暂时性文身。

女运动员可以化淡妆，但要谨慎。

健美操鞋始终保持干净整洁

运动员不得穿有缺陷服装出场。

C. 饰物

禁止戴首饰。

可以使用疏散的小亮片（最多不能超过服装总面积的 10%）。

亮片不得整片面积的遮住服装，仅可以作为图案的底线。

由于伤病可以用绷带，但必须使用肉色绷带。

除此之外不得有任何饰物。

D. 套服

在开幕式和闭幕式上，所有运动员必须着本国官方套服。

领奖时必须身着比赛服。